城市能源供应系统
City Energy Supply System

陈 煜 王 莎 傅允准 主编

哈尔滨工业大学出版社
HARBIN INSTITUTE OF TECHNOLOGY PRESS

内 容 简 介

本书共5章，系统介绍了城市能源供应系统中的常用能源、热电联产、城市集中供热与供冷、分布式能源系统、城市燃气供应与输配系统。城市能源供应系统中的常用能源部分包括能源的分类与常规能源介绍；热电联产部分包括热电联产的概念、热电联产应用现状及发展趋势、热电联产热经济性分析、燃气—蒸汽联合循环热电联产；城市集中供热与供冷部分包括集中供热系统热负荷及其概算方法、供热系统的类型、供热管网的水力计算、集中供热系统的热源、区域供冷供热系统；分布式能源系统部分包括分布式能源、分布式能源系统、分布式能源系统的发展现状及前景、分布式能源系统评价方法；城市燃气供应与输配系统部分介绍了燃气的种类、燃气负荷与供需平衡、城市燃气输配系统、压缩天然气与液化天然气供应、燃气的储存、建筑燃气供应系统及工业企业燃气供应系统。

本书可作为高等工科院校能源与动力工程、建筑环境与能源应用工程等专业的教学用书，也可作为工科专业了解城市能源供应系统的通识课教材，亦可供热能动力、暖通空调等专业的工程技术人员参考。

图书在版编目(CIP)数据

城市能源供应系统/陈煜，王莎，傅允准主编. —哈尔滨：哈尔滨工业大学出版社，2023.5
 ISBN 978-7-5767-0552-2

Ⅰ.①城… Ⅱ.①陈… ②王… ③傅… Ⅲ.①城市—能源供应—研究 Ⅳ.①F206

中国国家版本馆 CIP 数据核字(2023)第 027124 号

策划编辑	王桂芝
责任编辑	马毓聪　周轩毅
出版发行	哈尔滨工业大学出版社
社　　址	哈尔滨市南岗区复华四道街10号　邮编150006
传　　真	0451—86414749
网　　址	http://hitpress.hit.edu.cn
印　　刷	哈尔滨博奇印刷有限公司
开　　本	720 mm×1 000 mm　1/16　印张10　字数188千字
版　　次	2023年5月第1版　2023年5月第1次印刷
书　　号	ISBN 978-7-5767-0552-2
定　　价	38.00元

(如因印装质量问题影响阅读，我社负责调换)

前　言

《普通高等学校本科专业类教学质量国家标准》中明确提出人才培养的基本要求,在此要求中也明确指出了学生应当掌握"城市能源供应"的基本原理与工程方法,同时在专业知识体系部分规定了专业培养体系中应该包括"城市能源供应系统"的知识单元。本书适应专业发展的要求,以培养具有创新精神的实用型复合人才为出发点,系统介绍了城镇能源供应系统中的常用能源、热电联产、城市集中供热与供冷、分布式能源系统、城市燃气供应系统与输配系统。

本书共5章,系统介绍了城市能源供应系统中的常用能源、热电联产、城市集中供热与供冷、分布式能源系统、城市燃气供应与输配系统。城市能源供应系统中的常用能源部分包括能源的分类与常规能源介绍;热电联产部分包括热电联产的概念、热电联产应用现状及发展趋势、热电联产热经济性分析、燃气－蒸汽联合循环热电联产;城市集中供热与供冷部分包括集中供热热负荷的概念及其概算方法、供热系统的类型、供热管网的水力计算、集中供热系统的热源、区域供热供冷系统;分布式能源系统部分包括分布式能源、分布式能源系统、分布式能源系统的发展现状及前景、分布式能源系统评价方法;城市燃气供应与输配系统部分介绍了燃气的种类、燃气负荷与供需平衡、城市燃气输配系统、压缩天然气与液化天然气供应、燃气的储存、建筑燃气供应系统及工业企业燃气供应系统。

本书可作为高等工科院校能源与动力工程、建筑环境与能源应用工程等专业的教学用书,也可作为工科专业了解城市能源供应系统的通识课教材,亦可供热能动力、暖通空调等专业的工程技术人员参考。编写分工如下:第1章、第5章由陈煜编写,第2章、第4章由王莎编写,第3章由傅允准编写。全书由陈煜统稿。

本书在编写过程中借鉴、吸收了诸多专家、学者的论文和著作,参阅了国内外近年来发表的技术文献以及相关的标准和规范,在此,向相关作者表示衷心的感谢。

由于编者水平有限,书中难免存在疏漏和不足之处,恳请各位专家、读者指正。

编 者
2023 年 1 月

目 录

第1章 城市能源供应系统中的常用能源 1
- 1.1 能源的分类 1
- 1.2 常规能源介绍 4
- 本章参考文献 10

第2章 热电联产 11
- 2.1 热电联产的概念 11
- 2.2 热电联产应用现状及发展趋势 14
- 2.3 热电联产热经济性分析 24
- 2.4 燃气－蒸汽联合循环热电联产 33
- 本章参考文献 56

第3章 城市集中供热与供冷 61
- 3.1 集中供热系统热负荷及其概算方法 61
- 3.2 供热系统的类型 63
- 3.3 供热管网的水力计算 67
- 3.4 集中供热系统的热源 81
- 3.5 区域供冷供热系统 85
- 本章参考文献 88

第4章 分布式能源系统 90
- 4.1 分布式能源 91
- 4.2 分布式能源系统 96
- 4.3 分布式能源系统发展现状及前景 102
- 4.4 分布式能源系统评价方法 110
- 本章参考文献 115

第5章 城市燃气供应与输配系统 118
- 5.1 燃气的种类 118

5.2 燃气负荷与供需平衡 …………………………………… 120
5.3 城市燃气输配系统 ……………………………………… 132
5.4 压缩天然气与液化天然气供应 ………………………… 142
5.5 燃气的储存 ……………………………………………… 144
5.6 建筑燃气供应系统 ……………………………………… 147
5.7 工业企业燃气供应系统 ………………………………… 150
本章参考文献 ………………………………………………… 151

第 1 章　城市能源供应系统中的常用能源

《2018 年世界城市化趋势》显示：世界上 55％的人口居住在城市中，预计到 2050 年，全球城市化率有望达 68％，其中近 90％的城市化增长来自亚洲和非洲。预计未来世界城市人口规模的增加将高度集中在几个国家。印度、中国和尼日利亚预计将占 2018 年至 2050 年世界城市人口增长的 35％。到 2050 年，预计印度将增加城市居民 4.16 亿人，中国将增加 2.55 亿人，尼日利亚将增加 1.89 亿人。

约占世界人口 55％的城市人口消费了近三分之二的一次能源，产生的与能源相关的 CO_2 排放量超过全球总排放量的 70％。能源的生产、运输、转换与利用等过程贯穿于城市生活的各个环节，因次，城市化进程的快速推进，对城市能源供应系统提出了更高的要求。其中，优化能源结构，形成多能互补的能源供给模式以及改善环境质量以促进城市能源体系的低碳化发展是目标和发展方向。

能源，本意即能量的来源，现在通常指能够产生各种能量的物质，因此也被称为能源资源或能量资源。能源是人类的立命之本，是生产和生活的物质基础。原始社会的人类学会了钻木取火，并从此开始了能源利用的人类历史。人类的历史实质上就是能源变革的历史，每一次能源的变革，无论是由薪柴转向煤炭，还是由煤炭转向石油、电力，都使社会生产力得到了巨大的发展，使社会取得了巨大的进步。

关于能源，目前已经给出了 20 种以上的定义，我国的《能源百科全书》给出了如下定义："能源是可以直接或经转换间接提供人类所需的光、热、动力等任何一种形式能量的载能体资源。"由此可知，能源可在自然界中呈现多种形式，并可以在不同形式之间相互转换。

1.1　能源的分类

能源形式多种多样，因此有着不同的分类方法，通常可以按照能源的来源、形成、使用的角度进行分类，也可以从技术、环保的角度进行分类。不同的分类方法可以从不同的方面反映各种能源的特征。

1.1.1 根据能量的来源分类

根据能量的来源分类,通常可以将能源分为三类。

第一类是来自地球外部天体的能源,如太阳能,也称为太阳辐射能,包括直接的太阳辐射能和由太阳辐射能引起的水能、风能、生物质能等,故太阳能被称为"能源之母"。除太阳能外,还有宇宙射线和其他天体带进地球大气中的能量。

第二类是来自地球内部的,即地球自身蕴藏的能量,主要指地球热能资源和核燃料,还包括火山喷发、地震、地热蒸汽、热岩层、热水等。核燃料主要有铀、钚、钍等。

据估算,地球深处以热水和地热蒸汽形式储存的能量,是煤储能的1.7亿倍。地球热能是地球内放射性元素衰变辐射的粒子或射线所携带的能量。此外,地球上的核裂变燃料(铀、钚、钍)和核聚变燃料(氘、氚)是原子核的储存体。即使将来每年耗能比现在多1 000倍,这些核燃料也足够人类使用100亿年。

第三类是来自地球和其他天体相互作用而形成的能源,主要是潮汐能。

1.1.2 根据能源的开发与获取方式分类

根据能源的开发与获取方式分类,可分为一次能源(Primary Energy)和二次能源(Secondary Energy)。

(1)一次能源,是指自然界现存的,可以从自然界直接获得,且不改变其基本形态即可直接利用的能源,如煤炭、石油、天然气、水力、风能、草木燃料、直接的太阳辐射、地热、生物质能、海洋能、核能等。它们在开发之前处于自然赋存状态。一次能源又可以分为可再生能源和非再生能源。凡是能够不断得到补充,或是在较短周期内能再产生的能源都被称为可再生能源,反之为非再生能源。

(2)二次能源,是指由一次能源直接或间接加工转换为其他种类和形式后的人工能源产品,如电能、煤气、焦炭、蒸汽、氢及各种石油制品等。一次能源无论经过几次转换得到的另一种能源都称为二次能源。

1.1.3 根据能源能否再生分类

根据能源能否再生分类,可分为可再生能源(Renewable Energy)和非再生能源(Non-renewable Energy)。

(1)可再生能源,是指能够循环使用,并能够不断得到补充的一次能源,如太阳能、生物质能、风能、海洋能、地热能等。可再生能源不会随其本身的转化和人类的使用而减少,从资源角度看,可以认为它们是取之不尽、用之不竭的。

(2)非再生能源,是指经过漫长地质年代形成,开采之后不能在短期内再次形成的能源,通常把化石燃料(煤、石油、油页岩等)和核燃料(铀、钚、钍、氚等)归入这一类能源。它们会随着人类开发利用日趋减少直至枯竭。其中化石能源为促进社会发展和经济繁荣做出了巨大贡献。

1.1.4 根据能源本身的性质或使用方法分类

根据能源本身的性质或使用方法分类,可以分为燃料型能源(Fuel Energy)和非燃料型能源(Non-fuel Energy)。

(1)燃料型能源,又称为含能体能源或载体能源,是指用于直接燃烧而释放能量的物质,如煤炭、石油、天然气、沼气、木材、氢等。此类含能物质可以直接储存,便于运输。

(2)非燃料型能源,是指无须通过燃烧而直接供人类使用的能源,如太阳能、风能、水能、海洋能、地热能等。此类能源由可提供能量的物质的运动产生,非燃料型能源所含有的能量形式主要有机械能、光能、热能等,且无法直接储存。

1.1.5 根据能源被利用的程度分类

能源被利用的程度主要是指该种能源被开发利用的程度、生产技术水平和经济效益等方面。据此可以将能源分为常规能源和新能源。

(1)常规能源,又称为传统能源,如煤炭、石油、天然气、水能等,是人类目前使用的主要能源。这类能源开发利用时间长、技术成熟,能大量生产并被大规模使用,如煤炭、石油、天然气、薪柴燃料等。常规能源有时又被称为传统能源。

(2)新能源,是指人类利用高新技术系统地进行研究开发,但还未大规模使用的一类能源,包括生物质能、太阳能、风能、海洋能、地热能等。这类能源大多是天然的,也是人类未来能源开发的重点。核能通常也被视为新能源,尽管核燃料提供的核能在世界一次能源的消费中已占15%,但从被利用的程度看,还远不能和已有的常规能源相比。另外,核能利用的技术非常复杂,可控核聚变反应至今未能实现,这也是仍将核能视为新能源的主要原因之一。不过也有不少学者认为,应将核裂变视为常规能源,将核聚变视为新能源。新能源有时又称为非常规能源或替代能源。

1.1.6 按对环境的污染情况分类

按对环境的污染情况分类,可将能源分为清洁能源和非清洁(污染型)能源。

(1)清洁能源,是指对环境无污染或污染很小的能源,如太阳能、水能、电能、风能、海洋能等。

(2)非清洁能源,是指对环境污染较大的能源,如煤炭、石油等化石能源。

1.1.7 按是否能作为商品分类

按是否能作为商品分类，可将能源分为商品能源和非商品能源。

(1)商品能源，是指具有商品属性的能源，此种能源能够进入商品市场，并作为商品销售。目前商品能源主要有煤炭、石油、天然气、水电和核电5种。

(2)非商品能源，常指不经过流通环节而自产自用的能源，通常来源于植物、动物，如农业林业的副产品秸秆、薪柴，牧民自用的牲畜粪便等。非商品能源在发展中国家农村地区的能源供应中占有很大的比重。

1.2 常规能源介绍

目前，城市能源供应系统中采用的能源仍然以常规能源为主。常规能源包括一次能源中的可再生的水能资源，不可再生的煤炭、石油、天然气等化石能源及核裂变能。常规能源的分类见表1.1。

表1.1 常规能源的分类

按照性质分类	按一、二次能源分类	
	一次能源	二次能源
燃料型能源	泥煤 褐煤 烟煤 无烟煤 石煤 油页岩 油砂 原油 天然气 生物燃料 天然气水合物	煤气 焦炭 汽油 煤油 柴油 重油 液化石油气 丙烷 甲醇 酒精 苯胺 火药
非燃料型能源	水能（机械能）	电能 蒸汽 热水 余热

1.2.1 常规化石能源

化石能源是指一种碳氢化合物或其衍生物，即指以石油、天然气、煤为代表的含碳能源。化石能源是目前全球消耗的最主要能源。所有化石燃料都是由碳水化合物的腐化作用形成的。这些碳水化合物的化学式为 $C_x(HO)_y$，是有生命的植物通过光合作用将太阳能直接转换成化学能时形成的。植物枯死后，经过亿万年的变迁，由于压力和热量的作用，其转化为碳水化合物，并在缺氧的条件下再转变成烃类，其一般化学式为 C_xH_y。所有化石燃料都是由烃类组成的。常用的化石燃料有煤炭、石油和天然气。化石燃料有时称为矿物燃料。

(1) 煤炭。

煤炭是世界上储量最多、分布最广的化石燃料。它是原始植物压埋在地下，在不透空气或空气不足的条件下，受到地下的高温和高压作用，经过复杂的生物化学作用和物理化学作用转变而成的，这一转变过程被称为成煤作用。高等植物经过成煤作用形成腐殖煤，低等动植物经过成煤作用形成腐泥煤。绝大多数煤为腐殖煤。高等植物在地壳的上升和下降运动中被埋入地下，在一定的地理环境下经过复杂的生物、化学和物理作用，最终变为煤炭。成煤作用期间经历了两个阶段：首先是炭泥化阶段，在此阶段，死亡的高等植物在生化作用下变成泥炭；当泥炭由于地壳下降被其他沉积物覆盖时，成煤作用就进入第二阶段，也称煤化作用阶段。煤化作用包括两个连续过程，即成岩作用和变质作用。在成岩作用中，泥炭在沉积物的压力作用下，发生了压紧、失水、胶体老化、固结等一系列变化，生化作用逐渐消失，化学组成也缓慢发生变化，最后变成比重较大、较为致密的褐煤。当褐煤变成烟煤时，就进入煤的变质作用阶段。在转变过程中，煤的内部分子结构、物理性质和化学性质均发生重大变化。在不同的地质条件下，由于温度和压力的差异，变质作用的程度（煤化程度）也不一样，随着煤化程度增高，煤中含碳量增加，氢和氧的含量减少，容重增大。

来自山西晋城的兰花炭是一种变质程度最高的煤炭，如图 1.1 所示。

图 1.1 变质程度最高的兰花炭

煤炭是由有机物质和无机物质混合组成的。煤炭中有机物质主要由碳(C)、氢(H)、氧(O)、氮(N)四种元素构成,其中碳、氢、氧占有机质的95%以上;还有一些元素组成煤炭中的无机物质,主要有硫(S)、磷(P)及稀有元素等。

碳是煤中有机物质的主导成分,也是最主要的可燃物质。一般来说,煤炭中碳的含量越高,煤炭的发热量也就越大。碳在完全燃烧时生成二氧化碳(CO_2),因此,每 kg 纯碳可放出 32 866 kJ 热量;碳在不完全燃烧时生成一氧化碳(CO),此时每 kg 纯碳放出的热量仅为 9 270 kJ。由于煤炭的着火与燃烧都比较困难,因此含碳量高的煤炭难以着火和燃尽。

氢也是煤炭中重要的可燃物质。氢的发热量最高,每 kg 氢的低位发热量可高达 120 370 kJ,是纯碳发热量的 4 倍。煤炭中氢含量一般随煤炭的变质程度加深而减少,正因如此,变质程度最深的无烟煤的发热量不如某些优质的烟煤。此外,煤炭中氢含量还与原始成煤植物有很大的关系,一般由低等植物(如藻类等)形成的煤炭的氢含量最高,有时可以超过10%;而由高等植物形成的煤炭的氢含量较低,一般小于6%。

氧是煤炭中不可燃的元素。煤炭的氧含量也随变质程度的加深而减少,例如在泥炭中,氧含量①高达 30%~40%,在褐煤中为 10%~30%,在烟煤中为 2%~10%,在无烟煤中则小于 2%。

煤炭中氮含量较少,仅为 1%~3%,其主要来自成煤植物。硫是煤炭中的有害物质,其可以分为无机硫和有机硫两大部分。无机硫多以矿物杂质的形式存在于煤炭中,有机硫则是直接结合于有机母体中的硫。磷也是煤炭中的有害成分,其含量一般不超过 1%。煤炭中还含有稀有元素,如锗(Ge)、镓(Ga)、铍(Be)、锂(Li)、钒(V)及放射性元素铀(U)等。

在煤炭的利用中,常用的煤质指标有水分、灰分、挥发分和发热量。水分是煤炭中的不可燃成分,其来源有三种,即外部水分、内部水分和化合水分。煤炭中水分含量的多少取决于煤炭的内部结构和外部条件。灰分是指煤炭完全燃烧后,其中矿物质的固体残余物。灰分的来源有二,一是形成煤炭植物本身的矿物质和成煤过程中进入的外来矿物杂质,二是开采运输过程中掺杂进来的灰、沙、土等矿物质。煤炭的灰分在煤炭燃烧、加工、利用的几乎全部场合都带来不利影响。灰分含量高的煤炭不仅发热少,而且着火和燃烧效果差。灰分每增加 1%,燃料消耗即增加 1%。在隔绝空气的条件下,将煤炭加热到 850 ℃左右,从煤炭中有机物质分解出来的液体和气体产物称为挥发分。煤炭的挥发分常随煤炭的变质程度有规律地变化,变质程度越高的煤炭挥发分越低,挥发分高的煤炭易着

---

① 本书中的含量若未特殊标明,均为质量分数。

火、燃烧。煤炭单位质量完全燃烧时所放出的热量称为煤炭的发热量,煤炭的发热量分为高位发热量和低位发热量。

煤炭的科学分类为煤炭的合理开发和利用提供了基础,通常最简单的分类方法是根据煤炭中干燥无灰基挥发分含量,将煤炭分成褐煤、烟煤和无烟煤三大类。根据用途,每大类又可细分为几小类。我国的煤炭分类,是根据煤的煤化程度和工艺性能指标把煤炭划分成大类,再根据煤的性质和用途的不同把大类进一步细分。

2020年底世界煤炭探明储量(前五位)见表1.2。

表1.2 2020年底世界煤炭探明储量(前五位)

国家	无烟煤与烟煤 /($\times 10^6$ t)	亚烟煤与褐煤 /($\times 10^6$ t)	总计 /($\times 10^6$ t)	占总量比例 /%
美国	218 938	30 003	248 941	23.2
俄罗斯	71 719	90 447	162 166	15.1
澳大利亚	73 719	76 508	150 227	14.0
中国	135 069	8 128	143 197	13.3
印度	105 979	5 073	111 052	10.3

我国煤炭资源丰富,成煤时代多、分布广,煤炭种类齐全,但煤炭资源分布极不平衡,人均占有储量也较少。

(2)石油。

按照有机成油理论,水体中沉积于水底的有机物和其他淤积物,随着地壳的变迁,埋藏的深度不断增加,有机物开始经历生物和化学转化阶段,先后被喜氧细菌和厌氧细菌彻底改造。细菌活动停止后便开始了以地温为主导的地球化学转化阶段。一般认为,有效的生油阶段在50~60 ℃开始,150~160 ℃时结束。过高的地温将使石油逐步裂解成甲烷,最终演化为石墨。因此,严格地说,石油只是有机物在地球演化过程中的一种中间产物。

石油主要由烷烃、环烷烃、芳香烃等烃类化合物组成。组成石油的主要元素是碳、氢、硫、氧、氮,其中碳、氢元素最多,硫、氮、氧以化合物、胶质、沥青质等非烃类物质形态存在。一般硫、氧、氮三种元素的含量小于1%,此外还有微量的钠、铅、铁、镍、钒等金属元素存在。天然石油又称为原油,通常是淡色或黑色的流动或半流动的黏稠液体,其密度为0.65~0.85 t/m³。

石油的利用,使得人类社会进入快速发展阶段,特别是从石油消费超过煤炭成为世界第一大能源以来,世界经济得到迅猛发展,人类从工业社会进入信息社会。目前,世界上已找到近30 000个油田和7 500个气田,这些油气田遍布于地壳上六大稳定板块及其周围的大陆架地区。在156个较大的盆地内,几乎均有油气田发现,但分布极不平衡。2020年底世界石油探明储量(前五位)见表1.3。

表1.3　2020年底世界石油探明储量(前五位)

国家	石油储量/($\times 10^9$ t)	占总量比例/%
委内瑞拉	48.0	17.5
沙特阿拉伯	40.9	17.2
加拿大	27.1	9.7
伊朗	21.7	9.1
伊拉克	19.6	8.4

(3)天然气。

天然气是可以从自然界直接收集和开采得到的,不需经过再加工即可使用的气体燃料。大多数天然气气源以甲烷为其主要组分,并包括比甲烷重的烃类,如乙烷、丙烷、异丁烷、正丁烷等。除烃以外,原始的天然气中还可能存在少量的水蒸气、氮、二氧化碳、硫化氢、氦、氧、氩等气体。天然气无色、无味、无毒且无腐蚀性,密度约为空气的一半(0.43 kg/m³),常压下沸点为-161.5 ℃。

截至2020年底,世界天然气探明储量为198.8×10^{12} m³,天然气储量前十位的国家见表1.4。其中俄罗斯占有量最多,为38.0×10^{12} m³,所占世界全部天然气储量的比例达到19.1%;伊朗位居第二,储量为32.0×10^{12} m³,所占比例达到16.1%;卡塔尔位居第三,储量为24.7×10^{12} m³,所占比例达到12.4%。

表1.4　2020年底世界天然气探明储量(前十位)

国家	2020年底资源量/($\times 10^{12}$ m³)	2020年底占世界总量比例/%
俄罗斯	38.0	19.1
伊朗	32.0	16.1
卡塔尔	24.7	12.4
土库曼斯坦	19.5	9.8
美国	12.9	6.5
中国	8.4	4.2
委内瑞拉	6.3	3.2
沙特阿拉伯	6.0	3.0
阿联酋	5.9	3.0
尼日利亚	5.4	2.7

我国的天然气资源较为丰富，2019年的探明储量为 $8.4 \times 10^{12} \mathrm{m}^3$。主要分布在新疆的塔里木盆地、吐哈盆地、准噶尔盆地，青海的柴达木盆地，鄂尔多斯盆地，四川盆地、东海盆地以及莺歌海—琼东南盆地、云贵地区等。

由于来源不同，天然气一般可分为4种：从气井开采出来的气田气（也称纯天然气）；伴随石油一起开采出来的石油气（也称石油伴生气）；含石油轻质馏分的凝析气田气；从井下煤层抽出的煤矿矿井气。天然气的分类方法很多，可以按照其成因、气体组成及矿藏特点等进行分类。根据目前的勘探、开采以及开发、应用技术等，天然气还可以分为常规天然气和非常规天然气两大类。

① 常规天然气。常规天然气是指在目前的技术条件下能够作为资源进行开采和利用的天然气。常规天然气根据矿藏特点可分为气田气、凝析气田气和石油伴生气等。

气田气是指产自天然气气藏的纯天然气。其中甲烷含量一般不少于90%，还含有少量的二氧化碳、硫化氢、氮及微量的氦、氖、氢等气体。我国四川的天然气即为气田气，主要成分是甲烷（80%～98%），乙烷、丙烷和丁烷的含量一般不高，戊烷及以上重烃含量低，发热值为 $35 \mathrm{MJ/m}^3$ 左右。

凝析气田气是从含石油轻质馏分的凝析油中分离出来的。除含有大量甲烷外，戊烷及以上烃含量较高，还含有汽油和煤油成分，发热值在 $50 \mathrm{MJ/m}^3$ 左右。

石油伴生气是指与石油共生的、随石油一起开采出来的天然气。石油伴生气又分为气顶气和溶解气两类。气顶气是不溶于石油的气体，为了保持石油开采过程中必要的井压，这种气体一般不随便采出。溶解气是指溶解在石油中，随石油开采得到的气体，因而称为石油伴生气。石油伴生气的主要成分是甲烷、乙烷、丙烷、丁烷，还有少量的戊烷和重烃。

② 非常规天然气。非常规天然气资源是指尚未被充分认识、还没有可以借鉴的成熟技术和经验进行开发的一类天然气资源。主要包括：a.致密气（致密砂岩气藏、火山岩气藏、碳酸盐岩气藏等）；b.煤层气（瓦斯）/煤成气；c.页（泥）岩气；d.天然气水合物（俗称可燃冰）；e.水溶气；f.无机气以及盆地中心气、浅层生物气等。

1.2.2 电能

电能是与电荷流动、聚集有关的一种能量。它是由其他一次能源转换而来的优质二次能源。电能的特点是发电、传输、用电同时发生。由于目前尚不能大规模储存电能，因此，电能生产中的发电、供电、配电必须紧密配合，具有不间断连续工作的功能。

电能可以通过多种途径产生，其中最主要的途径是通过发电机将机械能直接转换成电能。另外，可以在燃料电池中将化学能直接转换成电能；在太阳能电池中将辐射能直接转换成电能；核能转化为电能则是在核电池中实现的。磁流体发电、热电偶温差发电则可以将热能直接转换成电能。将机械能转换成电能是目前获得电能的主要手段。驱动同步发电机的动力机械有蒸汽轮机、燃气轮机、内燃机、水轮机、风力机等。另一种有实用意义的电能产生方式是燃料电池。燃料电池是把燃料的化学能直接转化为电能的装置，其工作过程很像电解水的逆过程，通常完整的燃料电池发电系统由电池堆、燃料供给系统、空气供给系统、冷却系统、电力电子换流器和保护控制系统等组成。

1.2.3　太阳能

太阳是一个巨大、久远、无尽的能源。尽管太阳辐射到地球大气层的能量仅为其总辐射能量的二十二亿分之一，但已高达 1.73×10^{17} W，太阳每秒照射到地球上的能量就相当于 500 万 t 煤。我国太阳能资源丰富，根据中国气象科学研究院的研究，有 2/3 以上国土面积年日照在 2 000 h 以上，年平均辐射能量超过 0.6 GJ/cm^2。各地太阳年辐射能量大致在 930～2 330 kW·h/m^2。太阳能既是一次能源，又是可再生能源。它资源丰富，既可免费使用，又无须运输，对环境无任何污染。但太阳能也有两个主要缺点：一是能流密度低；二是其强度受各种因素(如季节、地点、气候等)影响，不能维持常量。这两大缺点大大限制了太阳能的有效利用。

人类对太阳能的利用历史悠久。太阳能利用主要包括太阳能热利用和太阳能光利用。太阳能热利用应用很广，如太阳能热水、供暖和制冷；太阳能干燥农副产品、药材和木材；太阳能淡化海水；太阳能热动力发电等。太阳能光利用的应用主要是太阳能光伏发电和太阳能制氢。由于常规能源的日渐短缺，在世界各国政府的大力支持下，作为可再生能源主力的太阳能将在全球能源供应中扮演越来越重要的角色。

本章参考文献

[1] 张海龙. 中国新能源发展研究：基于能源效率视角的分析与研究[M]. 北京：机械工业出版社，2017.
[2] 吴味隆. 锅炉及锅炉房设备[M]. 5 版. 北京：中国建筑工业出版社，2014.

第 2 章 热电联产

随着可持续发展战略的提出,世界各国纷纷开始探索先进的能源结构。热电联产(Combined Heat and Power,CHP)是指在同一电厂中将供热和发电联合在一起,可实现热能与电能的联合高效生产和能量的梯级利用,具有能源利用效率高、对环境影响小、供应可靠和经济效益好的特点。它是一种实现能源高效利用的供热与发电过程一体化的多联产能源系统,目前主要有"以热定电"和"以电定热"两种运行模式。现阶段,世界各国都将热电联产作为节约能源与改善环境的重要措施,积极鼓励、支持不同形式、不同容量的热电联产。热电联产的综合能效可达 90% 以上。一般来说,热电联产机组同热电分供(即电网供电和锅炉供热)相比,能源利用率可提高 15%~40%。近年来,我国热电联产工作推进较快,且在节能减排工作方面发挥了一定的作用。我国热电联产发电量约占全国总发电量的 9%,并承担了全国约 80% 的工业供热和约 30% 的民用采暖供热,其中以燃煤发电机组(蒸汽轮机热电联产)或燃气－蒸汽联合循环机组(燃气轮机热电联产)构成的热电联产系统为主。本章将针对我国城市热电联产发展状况及前景,主要的热电联产系统,以及热电联产的热经济性分析展开介绍。

2.1 热电联产的概念

热力设备只用来供应一种能量(电能或热能),称为单一能量生产,或称两种能量分别生产。如凝汽式发电厂只供应电能,供热锅炉房只供应热能(蒸汽或热水),它们都属于单一能量生产。又如凝汽式发电厂中直接由锅炉供应蒸汽给热用户,虽然该电厂同时供应两种能量,但其生产过程仍属两种能量分别生产。

利用汽轮机中做过功的蒸汽对外供热称为两种能量联合生产。如热电厂中安装有背压机、调节抽汽式汽轮机、冷凝采暖两用机(或称冷凝式供暖机组)等,利用排汽或抽汽供给热用户,就属于两种能量联合生产。

由于做了功的那部分排汽热量未传给"冷源",而是供给了热用户,所以电能是在供热基础上生产的,这是两种能量生产的一个基本特征。因此,实现两种能量生产必须具备的基本条件是:

(1)有热用户,而且要保证热用户所需要的参数(压力和温度)和流量。

(2)在供热的同时保证电能。

两种能量联合生产的电厂通常称为热电厂。热电联产和热电分产的热力系统图如图 2.1 所示。

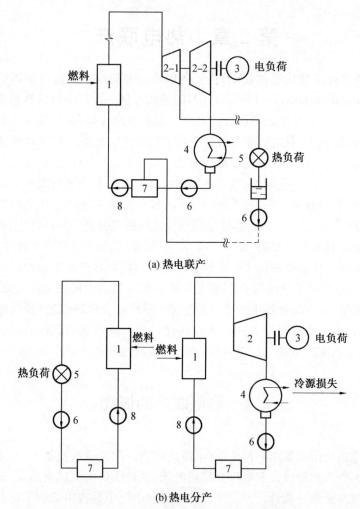

图 2.1　热电联产和热电分产的热力系统图
1—锅炉；2—汽轮机（2—1 为高压段，2—2 为中低压段）；3—发电机；
4—凝汽器；5—热用户；6—凝结水泵；7—除氧水箱；8—锅炉给水泵

热电联产符合按质用能的原则，具有较高压力和温度的高品位热工质首先用来生产电能，排出的低品位蒸汽对外供给热用户。这样的联合能量生产能够提高电厂经济性，可用下面的理想卡诺循环来分析。

理想卡诺循环的 $T-s$ 图如图 2.2 所示，图 2.2(a) 为凝汽循环，图 2.2(b) 为供热循环。两个循环加入的热量相等，均为 $q_b = T_b \Delta s$，得到的功如下：

凝汽循环
$$L_K = (T_b - T_K)\Delta s$$
供热循环
$$L_T = (T_b - T_T)\Delta s$$

式中，T_b 为循环的吸热温度，K；T_K 为环境温度，K；T_T 为供热循环排汽供热用户的温度，K。

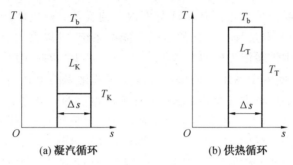

图 2.2　理想卡诺循环的 $T-s$ 图

做过功的蒸汽可为热用户利用的热量如下：
凝汽循环
$$q_T = 0$$
供热循环
$$q_T = T_T \Delta s$$

生产电能的热耗率如下：
凝汽循环
$$HR_K = \frac{q_b}{L_K} = \frac{T_b \Delta s}{(T_b - T_K)\Delta s} \tag{2.1}$$

供热循环
$$HR_T = \frac{q_b - q_T}{L_T} = \frac{(T_b - T_T)\Delta s}{(T_b - T_T)\Delta s} = 1 \tag{2.2}$$

两种能量生产方式热耗率之差：
$$\Delta HR = HR_K - HR_T \tag{2.3}$$

式(2.3)表明热电联产与热电分产相比，生产电能的热耗率是减少的，其真正发挥了热能作用，提升了蒸汽热能的利用率，使热电联产发电机组的热经济性大大提高，是节约能源的重要举措。并且热电联产机组都装设有除尘效率较高的设备，分散的、大量的、除尘效率低的小锅炉供热方式被以热电联产为基础的集中供热所取代，空气污染明显降低了，空气废物的排放量也明显降低了，环境变好了。因此，热电联产对资源的节省和环境的保护非常有利。这也是我国为了实现自身的可持续发展而采取的重要举措。

2.2 热电联产应用现状及发展趋势

20世纪70年代后,热电联产受到了西方国家的重视。随着全球能源危机和环境恶化,热电联产技术逐渐在全球范围内得到普及。热电联产是实现能源高效利用的供热与发电过程一体化的多联产能源系统,可以大大提高能源的利用率,热电联产集中供暖流程如图2.3所示,目前主要有"以热定电"和"以电定热"两种运行模式。随着全球工业的快速发展和城镇化率的提高,对供电和供热的需求也在大幅提升,其中工业热需求占工业能源需求的三分之二,占全球能源消耗的五分之一。而目前的经济和社会能源体系主要依赖石油、煤炭、天然气等不可再生资源,燃烧过程中还会产生严重的环境污染问题。随着全球能源需求的不断增加,寻找新的替代能源、调整现有的能源结构用于热电联产刻不容缓。与单一的常规供电、供热系统相比,热电联产系统可以提高能源系统的可靠性、安全性和灵活性,具有更高的能源利用率、更低的成本和温室气体排放量。通过制定科学合理的发展战略和保障措施,大力发展大型燃煤、燃气或者利用新能源的热电联产系统,并因地制宜地选择适合当地的热电联产方式集中供电、供热,从而有效提高能源利用率和系统的运行效率,减轻环境污染,并在现有热源和热网不变的前提下提高供热保障能力,为全球经济发展和人类生活质量的提高持续赋能。

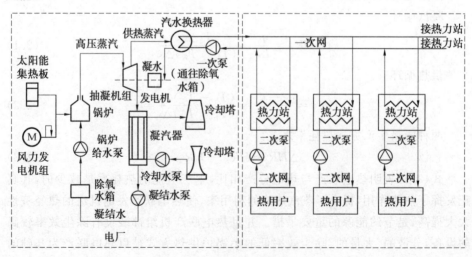

图2.3 热电联产集中供暖流程图

2.2.1 国外热电联产技术

(1) 发展现状。

热电联产是世界公认的节能技术,21世纪初以来,各国相继发展热电联产,俄罗斯、丹麦、瑞典、荷兰、美国、日本等很多国家更是发展得极为迅速。据前瞻产业研究院统计,2016年全球热电联产总装机达到了755.2GW,其中亚太地区装机占比46%(以中国、印度和日本的热电联产装机为主),欧洲地区装机占比39%(俄罗斯的热电联产装机较大),中东、非洲和其他地区装机占比15%(主要集中在非洲北部和南部),全球热电联产装机结构如图2.4所示。到2025年,全球热电联产装机有望增至972GW(年均增长2.8%)。从全球范围来看,欧洲地区是热电联产的传统市场;亚太地区是热电联产的主要增长市场,其装机占比已接近50%。在城市供热领域,热电联产也占据着重要地位。2018年,在全球城市供热市场结构中,热电联产供热占比约78%。

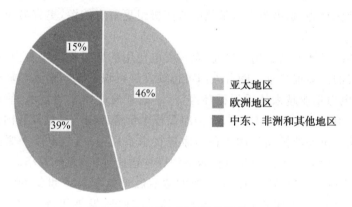

图2.4 全球热电联产装机结构

(2) 存在问题。

与我国相比,国外大部分地区的人口密度相对较小,除个别城市外,建筑密度较低、供热管网老化、相关设施管理水平较低的问题十分普遍。除极个别国家外,社会对热电联产的认识普遍不足,政府财政政策支持力度不足,土地私有化导致征地困难;因技术复杂,需要配合的单位多,相关部门缺少规划,工程造价较高,项目盈利困难,导致回收周期较长。因此,要在新能源替代技术上加大投资力度,持续改进可再生能源的存储技术,降低存储成本及不确定性,增强其市场竞争力。随着技术的持续改进,投资成本降低,年度可用性增加,要不断增强项目的吸引力,形成良好的技术创新和投资循环,以应对市场和成本的快速变化对各个政府和市场主体越来越高的要求。私营部门应及时跟进先进的技术工艺,解决资金缺乏的难题,提高自身在相关产业的融入度。

(3)发展趋势。

目前,世界热电联产发展呈以下趋势:推广范围普遍化、机组容量大型化、洁净煤技术高新化、节能技术系统化、热能消费计量化、使用燃料清洁化、能源系统新型化、投资经营市场化。与全球的能源短缺、环境恶化和经济状况密切相关,需要世界各国加强技术合作,推动技术革新,并在投资政策上进行深度合作、创新。

①推广范围普遍化。在经历了20世纪70年代的石油危机后,热电联产受到了西方国家的重视。美国热电联产装机容量在1980~1995年的15年间增加了2倍,2000年已占总装机容量的7%。欧洲共同体在20世纪90年代支持了45项热电联产工程,2000年热电联产发电量已占总发电量的9%。1992年,丹麦热电联产供热已占区域供热的60%,热电装机容量占总装机容量的56%。

②机组容量大型化。例如,加拿大的一座44万kW热电联产机组已经投入运营;我国台湾已有2台60万kW的供热机组在运行。热电联产机组之所以呈现出大型化趋势,是因为大容量热电联产机组更节省能源,更容易应用先进的环保技术。

③洁净煤技术高新化。目前,全球发电使用的燃料仍以煤炭为主,而煤炭燃烧对大气的污染很严重。随着人们可持续发展意识的不断增强和环保立法的不断完善,电力工业越来越重视循环经济,不断开发应用高新技术,使煤炭清洁燃烧。1986年3月,美国率先推出"洁净煤技术示范计划",对世界各国洁净煤技术发展起到了重要的推动作用。在洁净煤技术系列中,与热电联产紧密相关的是脱硫、脱尘、脱氮技术。循环流化床锅炉煤种适应性广,燃烧效率高,脱硫率可达到98%,NO_x、CO排放量低,是重要的清洁燃烧技术。20世纪60年代中期,第一台小型循环流化床锅炉在美国投入运行,而后发展迅速。目前,芬兰已有29.5万kW的循环流化床锅炉,日本已有35万kW的循环流化床锅炉。欧洲各国、美国、日本电站锅炉均配有静电除尘器和布袋除尘器,除尘效率在99.9%以上。

④节能技术系统化。在热电联产中,世界发达国家越来越重视系统节能技术的开发应用,不但围绕供热机组开发应用节能技术,而且也围绕供热管网、采暖系统和住宅采暖开发应用节能技术。为了使供热管网节能,他们很重视管网敷设和隔热保温技术。在采暖系统方面,这些国家给住宅供热时一般都采用双管系统,设有多种动态变流量自动调节控制设备及热量计量仪表,用户可按需设定室温。世界发达国家也很重视建筑节能标准:法国现行建筑节能标准已是第三个节能25%的标准;英国建筑节能标准在能源危机前外墙传热系数为1.6 W/$(m^2 \cdot ℃)$,经过三次修订标准后,现已降至0.45 W/$(m^2 \cdot ℃)$;丹麦经过四次修订建筑节能标准后,外墙传热系数现已降至0.2 W/$(m^2 \cdot ℃)$。为实现采暖节

能,他们已经形成了保温隔热材料、保温门窗、密封材料、面层抹灰及加强材料、采暖系统调控元器件、管道及其配件等多种多样的高新技术产业部门。

⑤热能消费计量化。在一些西方国家,热量从一开始就主要是以商品形式进入市场的,20世纪70年代的能源危机促进了这些国家供热计量技术与管理的发展。他们对旧有住宅进行了改造,变单管垂直供热为复管跨越供热。欧洲国家普遍采用这样的方法,即将总的供热费用根据每个楼的总热表读数分摊到各个楼,然后再根据各户的热分配表把各个楼的供热费用分摊到各户。对采暖收费方法也做了明确规定,30%~50%按建筑面积计算,50%~70%按消耗的热量计算。为了实现房间内温度舒适的自动控制,每组散热器还安装了温控阀。在欧洲,德国安装户内热量表的比例最高,目前已达到75%~80%。20世纪90年代,东欧国家也开始进行收费制度的改革,由原来的包费制改为按热计量收费。这些国家的经验说明,采用按热计量收费可节约能源20%~30%,同时改善了大气环境,促进了集中供热。

⑥使用燃料清洁化。世界各国热电联产燃料结构尽管大不相同(这主要是由资源决定的),但为了加强环境保护,都在努力降低燃煤比重,积极开发、利用天然气、煤层气、地热等各种清洁燃料,尤其是在不断提高天然气利用比重。天然气发电不但有利于环保,而且还具有投资少、建设快、热效率高、调峰性能好等优点。美国1980~1987年建设了1 728座热电厂,其中73%是天然气燃机热电厂。俄罗斯热电联产燃料构成中70%是石油和天然气。德国新建热电厂也主要使用天然气。

⑦能源系统新型化。随着大电厂、大电网、大热网的不断建设,一种用高科技武装起来的新型能源系统也在世界各国蓬勃发展。业内专家把这种新型能源系统称为"分布式电源""分散能源系统"或"第二代能源系统"。新型能源系统主要使用天然气的小型热电冷联产系统,它具有三个密不可分的特点:一是主要使用天然气;二是冷热电联产;三是机组小型化。该系统具有很多优点,如投资少、见效快、不用长距离传输、几乎没有输能损耗,能源利用率可达80%~90%,而且还可以参与电力调峰。

⑧投资经营市场化。为提高效率、降低价格、改善服务、合理配置资源,西方国家已经实现了供热反垄断:国家资本逐步退出热源厂和管网,引入私人资本和竞争机制,热源厂、管网建设及运营均实行招投标,对中标者实行特许经营权制度。

2.2.2 国内热电联产技术

(1)发展现状。

我国长期以来一直十分重视发展热电联产工作。在大规模经济建设开始时,就建立了一大批区域热电厂,包括北京、西安、吉林等城市的热电厂建设项目,这一时期也是各地电网发展的初期。当时的热电厂以工业生产用蒸汽为主要负荷,但由于工业热负荷误差较大,热电厂投产后热负荷长时间不足,热电厂的经济效益未能充分发挥。这一时期,绝大多数热电厂选择了抽凝机组,以保证供汽供电。1960年前后,其单机6 000 kW及以上供热机组占火电机组总容量的20%,居世界第二位。后来由于有些热电厂热负荷不足,经济效益未充分发挥,以及计划安排等问题,热电联产发展速度降低。20世纪70年代后期,鉴于国际石油危机所带来的经验教训,我国的节能意识被唤醒;20世纪80年代,我国提出了"节约和开发并重、把节约放在首位"的能源政策,积极鼓励热电联产、集中供热,当时中华人民共和国国家计划委员会把热电联产列为重大节能措施项目,于是我国热电联产有了快速的发展。

1999年底,全国6 MW及以上供热机组装机已达1 402台,总容量为28 153 MW,占火电装机的12.6%,年节约标煤量2 700万t;减排二氧化碳量7 000万t、二氧化硫50万t。到2002年底,年供热量139 150万GJ,6 000 kW及以上供热机组共1 937台,总容量达3 743.67万kW,占同容量火电装机容量的14.58%。在运行的热电厂中,规模最大的为太原第一热电厂,装机容量为138.6万kW,在北京、沈阳、吉林等城市已有一批20万kW、30万kW大型抽汽冷凝两用机组在运行。到2003年底,全国共有近700个供热城市,其中已有近300个城市建设集中供热设施。在总供热量中热电联产占9%,锅炉房占35.75%,其他占1.35%,其中城市民用建筑集中供热面积增长较快。在热电联产的建设中,从燃煤为主的热电厂向燃气和燃气-蒸汽联合循环热电厂发展,垃圾电厂、分布式热电冷联产也得到了迅速发展。近几年由于市场经济的发展,一些大、中型城市也开始安装大型供热机组。有些私营企业家也投资建设热电厂。在负责城市集中供热的热力公司中,规模最大的为北京市热力公司,现已有供热管网514 km,供热面积7 800万m^2,共有1 317个热力站,供应蒸汽给105个工业用户,最大蒸汽量达到897 t/h。到2005年底,全国共有661个设市城市(现已增至663个),其中有321个城市建有集中供热设施,占48.56%;全国集中供热能力为蒸汽10.7万t/h,热水19.8万MW/h,其供热量为蒸汽7.15亿GJ/年,热水13.95亿GJ/年;全国供热面积为25.2亿m^2,比2004年增长16.67%,蒸汽热力管道总长度已达1.48万km,热水管道总长7.13万km。东北、华北、西北地区集中供热面积约占全国集中供热面积的80%,热化率30%。全国集中供热从业人员共28万人。

目前,我国热电联产机组承担了30%的城市热水采暖供热量和约83%的城市工业用汽量。北方采暖地区大型城市建筑物采暖集中供热普及率平均达到65%,其中,热电联产在集中供热中的比例达50%。我国热电联产装机规模如图

2.5 所示。可以看出,2009 年,我国热电联产装机规模约为 145 GW,到 2016 年热电联产装机规模已达 356 GW,2017 年达到 435.26 GW,2020 年达到 630 GW。2016 年,中华人民共和国国家发展和改革委员会、中华人民共和国国家能源局先后发布了《电力发展"十三五"规划》《关于推进"互联网+"智慧能源发展的指导意见》《关于推进多能互补集成优化示范工程建设的实施意见》。其中《电力发展"十三五"规划》明确提出"十三五"期间,热电联产机组和常规煤电灵活性改造规模应分别达到 1.33 亿 kW 和 8 600 万 kW 左右的具体要求。

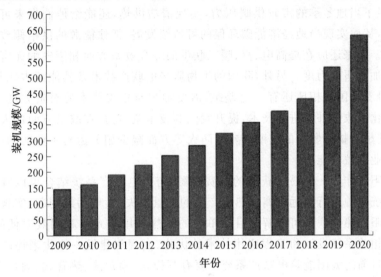

图 2.5 热电联产装机规模

(2)存在问题。

迅猛的发展势头下也暴露了很多亟待解决的问题,需要引起相关部门的足够重视。

热电联产能源来源虽然多样,但目前仍以化石燃料为主。我国应根据自身以煤炭为主要能源的能源结构特点,选择合适的新燃料,不能盲目更换能源。目前我国对火电厂热电联产系统认识不够全面,技术还不够成熟,仍存在许多需要改进的地方,需要加大资金投入,改进技术以提升效率。目前燃煤、燃气热电联产相关设备趋于大型化,一些小的机组由于其燃烧效率比较低、污染严重,已经被大型及特大型抽气冷凝机组逐渐取代。虽然以传统能源为燃料的热电联产技术具有相对较低的成本、较高的能源效率、较强的稳定性和安全性,短期内仍是供电、供热市场的主力,但其无法达到新能源热电联产技术零排放的程度,仍需在洁净煤技术、无害化处理、燃料高效利用以及废物资源化等方面进行相关的技术创新,以增强其市场竞争力。

生物质是一种很好的可再生能源替代方案,通过设计成高效的生物质热电联产系统可以取代以化石燃料为主的传统热电联产系统,减少二氧化碳排放,产生更多的电量和热量并提高经济效益。正确识别消耗的生物质能量和提供的有用热量对提高热电联产效率具有决定性意义,并且可以通过增加蓄热装置来提高系统的灵活性。生物质热电联产技术的主流发展趋势是实现电、汽、暖三联供,主要满足县域内各用户的用电、用汽及供暖需求。在广大生物质能丰富的地区回收农户的废弃农作物秸秆、牧畜粪便等,不仅解决了当地农户随意焚烧农作物秸秆、堆集牧畜粪便造成的大气污染问题、农村冬季散煤燃烧造成的污染问题,减轻了当地冬季的市政供暖压力,实现清洁供热,还能给他们带来可观的经济效益,从而实现当地经济低碳环保的可持续发展,抓住能源的供给侧改革带来的机遇。未来还应在提高电、汽、暖三联供的综合效率方面和废气的无害化处理等方面加大研发力度。另外,我国的生物质热电联产技术及其能源占比与芬兰、瑞典、丹麦等国家相比还有一定差距,需要加大对相关技术的投资力度,积极引进并消化吸收国外先进的技术,提升我国的技术竞争力;在政策方面加大支持力度,尤其是生物质燃料的收购、储存、防火等方面减少相关运营企业的顾虑,从而提高企业的盈利能力。

太阳能作为一种易于获取的免费资源,与热电联产系统结合可以解决热电联产系统单独运行时远距离供热所产生的能量损失、大气污染问题,实现优势互补。太阳能热电联产可以解决目前单一的光热利用和光电利用效率低的问题,并通过相关系统设计和工程应用技术的优化、实现与建筑一体化来提高系统的效率。目前的太阳能热电联产系统主要有管板式、扁盒式、热管式、圆热管式、平板热管式、超薄吸热板芯结构等,这些设备在运行时往往因自身温度过高而影响其热电利用效率,通过冷却技术或与热泵技术相结合可以解决系统温度过高带来的效率下降问题,并充分利用装置的低品位热能,实现能量的梯级利用,从而提高系统综合性能,实现效益最大化。热电材料和市场的发展也必将对热电联产混合动力太阳能热电系统的发展和未来产业化起到关键作用,而热电性能的下降无疑是太阳能应用工艺中热电发电所面临的最重要挑战之一,非均匀的热应力会对热电发生器产生破坏作用,限制它们的预期寿命,对发电产生负面影响。因此,将来还要通过研发新材料降低相关的材料成本,通过模拟仿真来降低实验成本,并加快相关技术的协同攻关力度,以提高其市场竞争力,从而提高其市场占比。

风能作为一种不稳定的可再生能源,无法单独稳定地为电网和热网供能,而热泵作为一种实现热量从低温传递到高温的装置,可用于吸收电厂的低品位余热,将其转化为可供利用的高品位热量。因此,风能与热泵常常结合使用,用于热电解耦,减少弃风电现象。

分布式热电联产系统以"能量梯级利用"为基础,由于其系统结构简单、灵活性强的特点,近年来在一些经济发达的地区得到了大力推广。日本福岛核电站事故发生后,分布式热电联产系统作为一种分布式能源的价值受到了广泛关注,并与集中式能源互补,降低了各项成本;通过对其发电和供热潜能的定量评估,将其作为2030年之前旧电厂改造的替代方案。天然气分布式能源的侧重点是用户侧和供应侧,服务于负荷中心,就近满足用户的各类能源需求,发电为自用,不上传电网;天然气热电联产的侧重点是供应侧,大部分电力被上传电网,产生的蒸汽或热水供应周边用户,因此要根据用户需求合理配置。

不同的热电联产系统特点及优缺点不同,选择时应结合其不同的特点、优势及成本,并根据用户需求及相关的政策来配置不同的热电联产设备进行组合使用,以达到最佳的运行效果,避免盲目选择带来不必要的损失。

目前我国还存在供热体制不完善、技术更新慢、创新能力不足、初投资成本高等问题。燃料价格的不断上涨及以政府为主导的供热定价机制导致企业出现不盈利甚至亏损的状况,严重削弱了其市场竞争力和参与的积极性,导致扩建的产能没有及时投入使用或者被搁置,不能及时向城乡推广普及。相关从业人员不足,未能及时吸收转化国外成功的技术和经验。为了环保而过多采用天然气作为燃料以替代燃煤,加剧了冬季的气荒现象。

热电联产技术发展和应用过程中暴露了一系列问题,主要为热电供需总量不匹配、空间不匹配、时间不匹配的热电供需不匹配问题,严重制约了热电联产产业的发展,需要各相关部门加强沟通,及时协调出现的问题,研究热电供需的优化策略,加快项目的推进速度。

以上存在的问题都需要政府部门在相关政策法规、技术创新、产业资金调配等方面加强协调、管控和引领,探讨合理的市场准入条件,避免不必要的资源浪费,推动热电联产产业高质量发展。

(3)发展趋势。

热电联产目前的状况远不能满足实际发展的需要,但由于以下原因,其发展前景十分广阔。

①节约能源工作的需要。我国是产煤大国,也是煤炭消费大国,在目前仍以燃煤为主。众所周知,我国近期国民经济发展较快,能源需求量大增,以前能源生产和消费基本平衡,但从1993年开始便成为能源净进口国。我国未来能源供需缺口将越来越大,在采用先进技术推进节能、加速可再生能源开发利用以及依靠市场力量优化资源配置的条件下,2010年约缺能8%,据预测到2040年将缺能24%左右。热电联产能有效地节约能源,在我国已被越来越多的人所认知,有关部门也确定其为优先发展的产业,发展潜力巨大。

②能源结构调整的需要。我国目前正处在重新考虑能源发展战略的关键时期。围绕实现现代化的目标,要求调整能源发展战略,优化能源结构,提高能源

利用效率,进一步明确和贯彻节能优先的长期能源战略,系统更新落后的高耗能的产业装备,打破局限于国内资源考虑能源供应战略的思想束缚,把建立国际多元化能源供应体系作为长期能源供应的战略目标,把能源优质化作为主攻方向,把天然气开发作为21世纪能源开发的重点。我国正在考虑能源结构调整和提高能源效率与改善环境质量,将提高天然气比重,发展燃气-蒸汽联合循环供热。可以预计在不久的将来,随着天然气的逐步推广,燃气-蒸汽联合循环供热将有较快的发展。我国东南部经济较发达地区属于能源输入区,输入天然气与输入煤炭相比,天然气联合循环热电厂的热效率高,对环境的污染小,与煤电相比具有一定的竞争力,是今后天然气联合循环的主要市场。

③环境保护的需要。我国目前的燃料中煤炭约占75%,由于城乡工业的发展,环境污染越来越严重,随着人民物质文化水平的提高,环境保护的意识也越来越强,分散供热既浪费能源又污染环境的事实已被越来越多的人所认知,在城市和村镇要求实行集中供热的呼声越来越高。1999年,全国废气中二氧化硫排放总量为1 857万t,其中工业来源的排放量为1 460万t,生活来源的排放量为397万t;烟尘排放总量为1 159万t,其中工业烟尘排放量为953万t,生活烟尘排放量为206万t。2001年,我国约有43万台工业燃煤炉,除工业窑炉和热处理炉外,工业锅炉和民用热水锅炉约有39万台。这些平均容量在4 t/h左右、实际运行效率只有30%~60%的小炉子每年消耗3亿t以上的原煤;如果以热电厂热效率85%~90%的大型锅炉替代其中的大部分小锅炉,节约煤炭的潜力可达每年数千万t标准煤,减少二氧化碳排放量近亿t。我国是碳排放量大国,2019年我国二氧化碳排放总量约为115亿t,约占全球的30%;人均年排放二氧化碳量约为8.1 t,比欧盟水平高出25%。热电联产是减排二氧化碳的有效手段之一,如果每年热电联产能增加3 000 MW的装机容量,那么预计每年可以节约288万t标准煤,减排二氧化碳755万t,减排二氧化硫5.76万t。

④工业发展的需要。据有关资料报道:煤源消费中除发电、炼焦、交通运输和民用煤外,建材和其他工业用煤占40%,也就是说建材和其他工业用煤量远大于发电和供热用煤量,一次能源转换成电能的比例和电力占终端能源消耗的比例太低。目前尚有大批可以实现热电联产集中供热的地方仍在由分散小锅炉供热。热电联产的供热保证了工业用热的稳定性和可靠性,提高了工业产品的质量和产量,普遍受到工业用户的欢迎。南方城市的热电联产集中供热的对象是工业用户,南方的大、中、小城市几乎都规划建设了以工业为主的开发区。发展较快的东南沿海长江三角洲地区的经济技术开发区已经达到一定规模,通过对开发区现有热电厂进行调查,得知热电厂已成为开发区不可缺少的基础设施之一,在开发区引进工业项目中发挥了重要作用。

⑤政府的大力支持。为了更有效地节约能源、保护环境、缓解电力紧张,中

央和地方均采取了一系列政策,积极鼓励和支持发展热电联产。

政府有关部门十分重视热电联产的发展,2000年8月22日由中华人民共和国国家计划委员会、中华人民共和国国家经济贸易委员会、中华人民共和国建设部、国家环境保护总局联合颁布了《关于发展热电联产的规定》,为热电联产的发展提供了法律和政策保证。规范了热电联产项目的建设和运行,重申了以热定电的原则和审批权限,规定了全厂热效率燃煤机组大于45%和燃天然气机组大于55%,还规定了不同容量机组热电比的要求。这一文件的颁布规范了热电厂的建设和运行管理,有利于热电市场的健康发展。

《国务院关于酸雨控制区和二氧化硫污染控制区有关问题的批复》出台后,规定了在两控区内,城市附近只能建设热电厂。国家西部大开发的重要内容之一:西电东送,东部地区的新建纯凝汽发电项目受到一定限制,东部地区开始在城市中拆除小型凝汽电厂,扩建和新建较大型的热电厂;单台200~300 MW级的发电、供热两用机组(冬天供暖,夏天凝汽发电)近些年在"三北"寒冷地区的大型城市增加较快。

据统计,热电联产是蒸汽集中供热的主力军,锅炉房供热承担了城镇热水集中供热的重担。2019年国内热电厂蒸汽供热量约为8.8万t/h,在蒸汽供热总量中占比约87%;到2020年增长至9万t/h,蒸汽供热总量提高到5.7亿GJ,市场占比约88%。故我国政府有关部委文件中明确提出要积极发展热电联产集中供热。其发展趋势如下:

①大容量供热机组增多。近年我国热电联产建设中,开始注重建设规模,对于城市集中供热,国家也积极提倡建设大型两用供热机组。以前单机20万kW、30万kW的大型供热机组仅在特大城市建设,近年在20万以上人口的大、中城市也开始建设。

②燃气-蒸汽联合循环热电厂开始建设。由于陕甘宁天然气进京和西气东送工程的建设,十余个省市燃料结构调整成为现实,一些地区将开始建设燃气-蒸汽联合循环热电厂。预计今后每年将新增供热机组300万kW左右。

③国产首台低热值燃气-蒸汽联合循环热电机组投运。由南京汽轮电机(集团)公司生产的首台66 MW低热值气体燃料联合循环热电机组于2003年10月在吉林通化钢铁厂通过72 h试运后,正式投入运行。该工程的投产拓展出国产燃气轮机的应用领域,为我国冶金行业有效实现能源的综合利用、减少环境污染、提高经济效益提供了有效途径。

④各城市重视环保,调整燃料结构,停止小烟囱,发展集中供热。随着北方地区取缔燃煤小锅炉、压减大型燃煤锅炉,提升集中供热比例进程不断加快,对改善大气环境做出了实质性贡献。2020年,京津冀及周边地区"2+26"城市平均优良天数比例为63.5%,同比上升10.4%;PM2.5年均浓度为51 $\mu g/m^3$,同比

下降10.5%。汾渭平原11个城市平均优良天数比例为70.6%,同比上升8.9%;PM2.5年均浓度为48 $\mu g/m^3$,同比下降12.7%。

⑤分布式能源建设已进入工程开发阶段。由小型燃气轮机(内燃机)、余热锅炉及溴化锂制冷机组成的小型全能量系统可以统一解决电、热、冷供应。目前我国大机组、大电网是主导方向,但分布式电源的发展将作为大机组、大电网的补充,以其自身的优势,必将迅速发展。小型燃机具有高效、清洁、经济、占地少、自动化水平高、适用分散建设和可靠等优势。

鉴于国际上小型全能量系统迅速发展的事实和其本身的优势,《关于发展热电联产的规定》中明确提出:在有条件的地区应逐步推广小型全能量系统。目前以天然气为燃料的分布式能源建设,已由学术研讨进入工程开发,在北京、上海、广东已有一批工程实现热、电、冷产,以其自身优势和经济效益显示了其强大的生命力。

热电联产系统形式多种多样,各地应根据各地的能源结构合理选择适合的形式。针对我国北方地区冬季采暖季雾霾严重,以及我国以煤炭为主的能源结构短期内无法改变的现状,应着力提高燃煤热电联产系统的能源效率,研究高效、低成本的洁净煤技术,不能盲目地采取煤改气或者煤改电,从而避免气荒、电荒等频繁发生。"三北"地区可根据其太阳能、风能丰富的特点,优先发展太阳能、风能等可再生资源热电联产系统,提高其消纳能力。生物质资源丰富的农业区县要加快生物质热电联产项目建设及相关技术的创新,解决当地的农林废物燃烧及牧畜排泄物造成的环境污染问题,为当地农民创造一定的经济效益。针对经济发达地区的环境承载力差、经济基础较好等特点,加快分布式、区域型热电联产项目建设,从而解决其资源短缺及环境质量差的困扰。

政府应加强政策创新并加大政策支持力度,优先发展以太阳能、风能和生物质能为代表的新能源热电联产系统,并逐步提高其能源占比。及时引进国外先进的技术和管理理念并加快国内的消化速度,尽快实现国产化,降低发电、供热成本。鼓励社会资本进入,加快行业的迭代速度,从而提高我国相关产业的整体实力和竞争力,抢占国际市场份额。

2.3 热电联产热经济性分析

2.3.1 热电联产热经济性指标

热电联产的经济效益一般表现在以下两个方面:一是由供热机组热电联产发电过程中的煤炭消耗量明显减少而产生的效益;二是锅炉工作效率提高而产

生的效益,在锅炉供热过程中,可以采用降温降压形式或是集中供热形式。所以,第二方面的节能效益更好。第一方面的节能效益是实现第二方面的节能效益的前提条件,第二方面的节能效益是第一方面的节能效益的决定性因素。所以热电联产在节约能源方面对安装供热机组起着至关重要的作用。

热电厂的经济性指标用来衡量系统能量利用以及转换过程或热力设备的技术完善程度的条件。凝汽式发电厂的主要热经济性指标,如全厂热耗率 q_{cp}、标准煤耗率 b_{cp}^s 和全厂热效率 η_{cp},既是数量指标,又是质量指标,它们均会影响凝汽式发电厂能否采用先进技术进行能量的转换。

热电厂有很多的热经济指标,这些指标之间的关系错综复杂。热电联产的蒸汽不仅能够用于发电,而且能够进行供热,这两种方式产出的产品质量是不一样的;假如采用的供热参数不一样,那么热能的质量也不一样;热电厂有时还有分产发电、分产供热的现象。热电厂的热经济、指标应该可以反映出能量转换过程的技术完善的程度,不仅能用在供热式机组间、热电厂间,也能方便在凝汽式电厂和热电厂间进行比较。

由于热电厂同时生产两种产品——热能和电能,这两种产品形式不同、质量不同,因此,在制订热经济指标的过程中要进行综合考虑。这是和别的形式的供热不一样的。考虑这种热电厂执行各类指标时,不仅要有总热,还要有热经济指标,除此之外,还要综合电和热的分类指标。热电联产机组热平衡方框图如图 2.6 所示。

(1) 热电厂的总热经济指标。

热电联产机组的总热经济指标包含:热电联产机组的燃料利用系数 η_{tp}、热电联产机组的热化发电率 ω。我国有很多热电联产的工程项目。在这些项目中,热机系统和设备是非常重要的。在实际工作中,评价系统的能量转换效果的方式也不少。但是,通常情况下,一般都采用热平衡法。

① 热电联产机组燃料的利用系数 η_{tp}。该系数也称为热电联产机组总热效率,指的是热电联产机组生产的热、电两种产品的总能量和消耗的燃料能量之比,即

$$\eta_{tp} = \frac{3\,600W + Q_h}{B_{tp}Q_{net}} = \frac{3\,600W + Q_h}{Q_{tp}} \tag{2.4}$$

式中,W 为热电联产机组能够产生的发电量,kW;Q_h 为热电联产机组能够产生的供热量,kJ/h;B_{tp} 为热电联产机组的煤耗量,kg/h;Q_{net} 为燃料低位发热量,kJ/kg;Q_{tp} 为热电联产机组消耗燃料能量,kJ/h。

热电联产机组燃料的利用系数 η_{tp} 能够把高品位蒸汽进行有效的折算。在进行折算的过程中,用的是热量单位;之后,再与对外的供热量进行叠加。从某种意义上说,它只是一个数量指标。这个指标只是表示在数量上燃料能量的利用

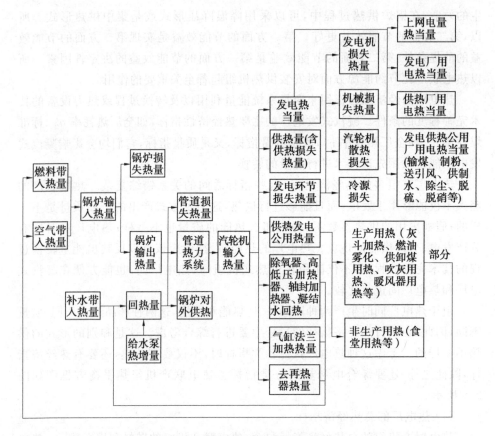

图 2.6 热电联产机组热平衡方框图

程度和效果是怎样的,并不能表示电、热两种产品有什么样的质量差别。

η_{tp} 这个指标是不能够进行各热电厂热经济性的比较的,也不能够进行供热式机组的热经济性的比较。因此,在热经济性评价上,其不是能够使用的唯一指标。

η_{cp} 与 η_{tp} 不同,对燃煤凝汽式电厂,η_{cp} 也是㶲效率,它既是质量指标,又是数量指标,但 η_{tp} 却不是质量指标。

② 供热式机组的热化发电率 ω。热化发电率也称为电热比。在进行电能和热能的产出方面,这个指标是密切相关的。联产汽流生产的电能 W_h 称为热化发电量;联产汽流生产的热量 $Q_{t,h}$ 被称为热化供热量,热化发电量 W_h 与热化供热量 $Q_{t,h}$ 的比称为热化发电率 ω。也就是说

$$\omega = \frac{W_h}{Q_{t,h} \times 10^{-6}} \tag{2.5}$$

式中,热化发电率 ω 表示 1 GJ 供热能够产生的发电量,kW·h/GJ。这个指标是质量指标,能够对供热技术的改进程度进行评估。影响 ω 的因素有很多——返

回水率、水的温度、有效蒸汽的初参数等各项参数,还有供热机组的类型以及机器的技术改进程度等。在供热机组的各项有效的蒸汽参数固定的情况下,能量转换时,机器的技术改进程度越高,ω 就越高,即对外供热量相同时,热化发电量越大,本电厂或电力系统的凝汽发电量减少越多,节省的燃料越多。所以 ω 是评价热电联产技术完善程度的质量指标。

热化发电率只可以在供热参数一定的情况下对热经济性进行考量。当然,要对供电机组的热经济性衡量,它的供热参数就必须一致。当然也不能随意比较不同模式发电厂的节能情况。故综合来看,热化发电率是不可以用来作为唯一的指标来评价电厂的热能效率的。

(2) 热电厂分项热经济指标。

将 Q_{tp} 分配为 $Q_{tp(e)}$、$Q_{tp(h)}$ 以后,可以分别计算这两方面的热经济性,即发电和供热。

① 发电方面的热经济指标。影响发电效率的因素很多,包含发电的各个方面,如热耗率、热效率以及发电标准煤耗率等。下面分别对这几个指标进行分析介绍。

热电厂发电热效率为

$$\eta_{tp(e)} = \frac{3\,600 P_e}{Q_{tp(e)}} \tag{2.6}$$

热电厂发电热耗率为

$$q_{tp(e)} = \frac{Q_{tp(e)}}{P_e} = \frac{3\,600}{\eta_{tp(e)}} \quad \text{kJ/(kW·h)} \tag{2.7}$$

热电厂发电标准煤耗率为

$$b_{tp(e)}^s = \frac{B_{tp(e)}^s}{P_e} = \frac{Q_{tp(e)}/29\,270}{P_e} = \frac{0.123}{\eta_{tp(e)}} \quad \text{kg 标煤/(kW·h)} \tag{2.8}$$

② 供热方面的热经济指标。在影响供热的因素上,有几个指标是很关键的,接下来就针对这几个指标进行分析介绍。

热电厂供热热效率为

$$\eta_{tp(h)} = \frac{Q}{Q_{tp(h)}} = \eta_b \eta_p \eta_{hs} \tag{2.9}$$

热电厂供热标准煤耗率为

$$b_{tp(h)}^s = \frac{B_{tp(h)}^s}{Q/10^6} = \frac{Q_{tp(h)}/29\,270}{Q/10^6} = \frac{34.1}{\eta_{tp(h)}} \quad \text{kg 标煤/GJ} \tag{2.10}$$

上述指标中热电厂的发电、标准供热煤耗率 $b_{tp(e)}^s$、$b_{tp(h)}^s$ 和发电、供热热耗 $Q_{tp(e)}$、$Q_{tp(h)}$ 取决于热电厂的总燃料量(或总热耗量)的分配方法。

(3) 热电联产机组节煤的经济条件。

抽气供热机组包括发电和供热两个方面。在进行供热、发电的过程中是不断抽气的,所以煤炭利用率大大增加,损耗大大降低。与传统的凝汽机组相比,其节煤效果显著。供热、发电越多,能够节约的煤炭就越多。但是,由于抽气供热机组本身的影响,在相同参数的情况下,煤炭的损耗率要大于纯凝汽机组。无论是进行供热工作还是进行凝汽工作,都会出现上述状况。凝汽发电越多,能够消耗的煤炭也就越多。抽气供热机组能够节约的煤炭量就要考虑上述两方面的因素。即用第一种节省的煤炭量减去第二种消耗的煤炭量。具体的表示公式为

$$\Delta B = W_T(b_K - b_T) - W_K(b_{KT} - b_K) \tag{2.11}$$

式中,ΔB 为供热机组全年能够节省的标准煤量;W_T,W_K 分别为供热机组全年供热和凝汽汽流产生的发电量;b_{KT} 为供热机组凝汽汽流的发电标准煤耗率;b_T 为供热机组供热汽流的发电标准煤耗率;b_K 为分产发电的凝汽机组发电标准煤耗率。若是供热机组全年能够产生的发电量是 W,那么

$$W_K = W - W_T \tag{2.12}$$

供热机组全年能够节省的煤炭量可以表示为

$$\Delta B = W_T(b_{KT} - b_T) - W(b_{KT} - b_K) \tag{2.13}$$

背压式机组是没有凝汽发电的,也就是说,$W = W_T$。因此,能够节省的煤炭量可以表示为

$$\Delta B = W_T(b_K - b_T) \tag{2.14}$$

采用热电联产的方式进行发电和供热,能够节省更多的标准煤炭,这是与锅炉供热、大型凝汽机组发电进行比较后得出的结论。换句话说,热电联产方式节省的煤炭数 ΔB 是大于 0 的。可以进一步推导知

$$W_T/W > (b_T - b_K)/(b_{KT} - b_T) \tag{2.15}$$

假设

$$x_{cl} = (b_T - b_K)/(b_{KT} - b_T)$$

那么

$$W_T/W > x_{cl}$$

式中,W_T/W 为供热机组的供热发电效率。

从上面可以看出,不管是何种类型的供热机组,要想节约煤炭,就必须满足以下条件:机组的供热发电效率 $W_T/W > x_{cl}$。当机组的供热发电效率比 x_{cl} 高时,就能够节约煤炭;当机组的供热发电效率比 x_{cl} 低时,不但不能节约煤炭,而且要消耗更多的煤炭。x_{cl} 是评估能否节约煤炭的指标。

2.3.2 热电联产热电分摊方法

热电联产机组中,如何合理有效地确定热电分摊比一直存在争议。热电分摊方法决定了热电双方的利益,对合理制定热力价格也具有重要意义。目前,我国热电分摊方法主要有热量法、实际焓降法、㶲分析法、折合㶲分摊法和加权法。

(1) 热量法。

热电联产效益归电法的代表是热量法，其核心是只考虑能量的数量，不考虑能量的质量，将热电企业的总耗热量按生产电和热两种产品的数量比例进行分配，即将减少的冷源损失带来的效益归于发电方面，故又称"好处归电法"。该方法只根据热力学第一定律进行分摊，没有反映电和热在质量上的差别及不同形式的单位能量在质方面的不等价，这种方法核算出来的单位供热量的煤耗基本上与热用户使用供热锅炉接近。

热电厂的总热耗量为

$$Q_{tp} = B_{tp} q_{net} = \frac{D_0(h_0 - h_{fw})}{\eta_b \eta_p} \tag{2.16}$$

式中，Q_{tp} 为热电厂的总耗热量，kJ/h；B_{tp} 为热电厂总燃料消耗量，kJ/h；q_{net} 为燃料低位发热量，kJ/h；D_0 为汽轮机进汽量，t/h；h_0 为汽轮机进汽焓，kJ/kg；h_{fw} 为锅炉给水焓，kJ/kg；η_b 为锅炉效率；η_p 为管道效率。

热电厂分配给供热方面的热耗量是以热用户实际消耗的热量为依据的，计算公式如下：

$$Q_{tp(h)} = \frac{Q_h}{\eta_b \eta_p} = \frac{Q}{\eta_b \eta_p \eta_{hs}} \tag{2.17}$$

式中，$Q_{tp(h)}$ 为分配给供热方面的热耗量，kJ/h；Q_h 为热电厂送出的热量，kJ/h；Q 为热用户获得的热量，kJ/h；η_{hs} 为热网效率。

热电厂送出的热量为

$$Q_h = D_h(h_h - h'_h) \tag{2.18}$$

式中，D_h 为供热蒸汽量，t/h；h_h 为供热蒸汽焓，kJ/kg；h'_h 为供热蒸汽凝结水焓，kJ/kg。

热电厂分配给发电方面的热耗量为

$$Q_{tp(e)} = Q_{tp} - Q_{tp(h)} \tag{2.19}$$

热电分摊比表示分配给供热方面的热耗量与热电厂的总热耗量的比值：

$$\alpha_r = \frac{Q_{tp(h)}}{Q_{tp}} \tag{2.20}$$

所以热量法的热电分摊比为

$$\alpha_r = \frac{D_h(h_h - h'_h)}{D_0(h_0 - h_{fw})} \tag{2.21}$$

(2) 实际焓降法。

实际焓降法是热电联产效益归热法的代表方法，其基本思想是由于热电联产使联产供热汽流未能做功到排汽参数，故热电联产供热应按与新蒸汽实际焓降的比例来分配供热的热耗量。实际焓降法考虑了供热蒸汽在汽轮机中做功不足对热能质量的不利影响，以及不同供热参数对供热比的影响，考虑采用高质高价(多分摊热耗)或低质低价(少分摊热耗)的方法。

热电厂分配给供热的热耗量为

$$Q_{tp(h)} = \frac{D_h(h_h - h_c)}{D_0(h_0 - h_c)} Q_{tp} \tag{2.22}$$

式中,h_c 为汽轮机排汽焓,kJ/kg。

热电厂分配给发电的热耗量为

$$Q_{tp(e)} = Q_{tp} - Q_{tp(h)} \tag{2.23}$$

所以实际焓降法的热电分摊比为

$$\alpha_r = \frac{D_h(h_h - h_c)}{D_0(h_0 - h_c)} \tag{2.24}$$

(3) 㶲分析法。

㶲分析法就是按照汽轮机供热抽汽的㶲与新汽的㶲的比例来分配总热耗量。该方法通过采用参数体现了能量在品质方面的差异,考虑了能量的可转换部分——㶲的利用。㶲分析法把热电联产汽流的热耗量按蒸汽的最大做功能力在电、热两种产品间进行分配。

分配给供热方面的热耗量为

$$Q_{tp(h)} = Q_{tp} \frac{D_h e_h}{D_0 e_0} \tag{2.25}$$

式中,e_0 为新蒸汽的比㶲,kJ/kg;e_h 为供热抽汽的比㶲,kJ/kg。

热电厂分配给发电的热耗量为

$$Q_{tp(e)} = Q_{tp} - Q_{tp(h)} \tag{2.26}$$

所以㶲分析法的热电分摊比为

$$\alpha_r = \frac{D_h e_h}{D_0 e_0} \tag{2.27}$$

(4) 折合㶲分摊法。

折合㶲分摊法认为,在供热过程中,能量的㶲和㶭都得到了有效利用。在供热过程中,㶭是相当重要的因素,可作为"冲淡剂",降低高级能的能级。

以一单轴热电联产机组的能量转换系统为例,该系统向外界输出的能量由两部分组成,一是向外输出的电能 E,二是向外供出的热量 Q_h。若系统入口蒸汽流量为 D_0,供热抽汽流量为 D_h,则该系统向外输出的电能为

$$E = D_0 e_0 - D_h e_h \tag{2.28}$$

折合㶲定义为可用㶭(能量中起作用的㶭)与实际㶲(通常所说的㶲)之和。单位工质的折合㶲表达式为

$$m = \left(1 + k \frac{1-\Omega}{\Omega}\right) e \tag{2.29}$$

式中,m 为单位工质的折合㶲,kJ/kg;k 为比例系数,其含义是单位㶭与单位㶲在

使用过程中的价值之比,$0 \leqslant k \leqslant 1$;$\Omega$ 为能质系数,表示单位㶲与单位总能量之比,即 $\Omega = \dfrac{e}{q} = \dfrac{e}{h_1 - h_2}$。

因此,系统向外界输出的热量中,可用部分应为供热的折合㶲,即

$$Q_h' = D_h m_h \tag{2.30}$$

式中,Q_h' 为系统向热用户提供的折合㶲,kJ/h。

此时热分摊比的表达式为

$$\alpha_r = \dfrac{Q_h'}{E + Q_h'} = \dfrac{D_h m_h}{D_0 e_0 - D_h e_h + D_h m_h} \tag{2.31}$$

可推导出

$$\alpha_r = \dfrac{D_h e_h \left(1 + k \dfrac{1-\Omega}{\Omega}\right)}{D_0 e_0 + D_h e_h \left(k \dfrac{1-\Omega}{\Omega}\right)} \tag{2.32}$$

采用式(2.32)计算热分摊比时,一旦机组的各种参数确定,D、E、Ω 就都可以确定,k 的取值依据下列原则:① 应符合全为㶲或全为㷧的能量中㷧的利用价值为零的边界条件;② 应当使折合㶲成为系统工质的一个状态函数,便于计算分析;③ 应使能量中㷧的利用程度与其能质系数成某种有规律的关系,即可用㷧为能质系数的函数。

因此,选取 k 为随能质系数 Ω 变化的量,且因两者取值范围均为 $0 \sim 1$,故可以假定 $k = \Omega$,则式(2.32)变为

$$\alpha_r = \dfrac{D_h e_h (2 - \Omega)}{D_0 e_0 + D_h e_h (1 - \Omega)} \tag{2.33}$$

(5) 加权法。

加权法是将热量法和实际焓降法的热分摊比通过加权相加,推荐的权值一般为 0.5、0.6、0.7,并没有理论计算依据。

设权值为 0.6,计算示例如下。

设热量法的热分摊比为 α_{r1},实际焓降法的热分摊比为 α_{r2},由前面分析可知:

$$\alpha_{r1} = \dfrac{D_h (h_h - h_h')}{D_0 (h_0 - h_{fw})} \tag{2.34}$$

$$\alpha_{r2} = \dfrac{D_h (h_h - h_c)}{D_0 (h_0 - h_c)} \tag{2.35}$$

那么利用加权法的热分摊比为

$$\alpha_r = 0.6 \alpha_{r1} + 0.4 \alpha_{r2} = 0.6 \times \dfrac{D_h (h_h - h_h')}{D_0 (h_0 - h_{fw})} + 0.4 \times \dfrac{D_h (h_h - h_c)}{D_0 (h_0 - h_c)} \tag{2.36}$$

(6) 应用计算。

① 抽汽式机组。已知一电厂装有 C50-8.82/1.27 型供热式汽轮机,某工况

下运行数据为:$h_0 = 3475$ kJ/kg;$s_0 = 6.7801$ kJ/(kg·K);$h_h = 3024.1$ kJ/kg;$s_h = 6.9645$ kJ/(kg·K);$h'_h = 418.68$ kJ/kg;$h_c = 2336.2$ kJ/kg;$h'_c = 418.68$ kJ/kg。回水率100%,汽轮机发电机组机电效率$\eta_g = 0.96$,管道效率$\eta_p = 0.88$,热网效率$\eta_{hs} = 0.98$,汽轮机进汽量$D_0 = 370$ t/h,最小凝汽量$D_c = 18$ t/h,不考虑回热,不计散热损失,$T_{en} = 273.15$ K。求该热电厂的热量利用系数η_{tp}、热化发电率ω和发电、供热的热经济指标。

对于抽汽式机组,用5种方法计算热电厂的热量利用系数η_{tp}、热化发电率ω、热分摊比α_r以及发电、供热的热经济指标结果汇总见表2.1。

表2.1　抽汽式机组采用不同方法计算热电厂的各种经济参数比较

	项目	热量法	实际焓降法	㶲分析法	折合㶲分摊法	加权法
热电厂	η_{tp}	0.8433	0.8433	0.8433	0.8433	0.8433
	$\omega/(kW·h·GJ^{-1})$	46.19	46.19	46.19	46.19	46.19
热分摊比	α_r	0.8069	0.5747	0.6575	0.7508	0.6908
供热指标	$\eta_{tp(h)}$	0.8624	1.2109	1.0583	0.9268	1.0074
	$b^s_{tp(h)}/(kg·GJ^{-1})$	39.54	28.16	32.22	36.79	33.85
发电指标	$\eta_{tp(e)}$	0.6898	0.3131	0.3890	0.5346	0.4308
	$q_{tp(e)}/(kJ·kW·h^{-1})$	5218.61	11494.76	9255.53	6734.08	8356.68
	$b^s_{tp(e)}/(kg·kW·h^{-1})$	0.1783	0.3927	0.3162	0.2300	0.2855

② 背压式机组。已知一电厂装有 B25 - 8.83/0.981 型供热式汽轮机,某工况下运行数据为:$h_0 = 3475$ kJ/kg;$s_0 = 6.7801$ kJ/(kg·K);$h_{fw} = 920.63$ kJ/kg;$h_h = 3024.1$ kJ/kg;$s_h = 6.9645$ kJ/(kg·K);$h'_h = 418.68$ kJ/kg;$h_c = 2336.2$ kJ/kg;$h'_c = 418.68$ kJ/kg。回水率100%,汽轮机发电机组机电效率$\eta_g = 0.96$,管道效率$\eta_p = 0.88$,热网效率$\eta_{hs} = 0.98$,汽轮机进汽量$D_0 = 220$ t/h,最小凝汽量$D_c = 182.85$ t/h,全部用于对外供热,不考虑回热,不计散热损失,$T_{en} = 273.15$ K。求该热电厂的热量利用系数η_{tp}、热化发电率ω和发电、供热的热经济指标。

与抽汽式机组比较,背压式机组供热蒸汽量与汽轮机排汽量相等,即$D_h = D_c$。对于背压式机组,用5种方法计算热电厂的热量利用系数η_{tp}、热化发电率ω、热分摊比α_r以及发电、供热的热经济指标结果汇总见表2.2。

表 2.2　背压式机组采用不同方法计算热电厂的各种经济参数比较

项目		热量法	实际焓降法	㶲分析法	折合㶲分摊法	加权法
热电厂	η_{tp}	0.870 0	0.870 0	0.870 0	0.870 0	0.870 0
	$\omega/(kW \cdot h \cdot GJ^{-1})$	46.19	46.19	46.19	46.19	46.19
热分摊比	α_r	0.847 7	0.502 1	0.549 7	0.679 3	0.674 9
供热指标	$\eta_{tp(h)}$	0.862 4	1.456 2	1.417 3	1.076 2	1.083 3
	$b^s_{tp(h)}/(kg \cdot GJ^{-1})$	39.54	23.42	24.06	31.69	31.48
发电指标	$\eta_{tp(e)}$	0.814 1	0.248 9	0.336 7	0.386 5	0.381 2
	$q_{tp(e)}/(kJ \cdot kW \cdot h^{-1})$	4 422.28	14 463.13	10 692.40	9 313.90	9 442.71
	$b^s_{tp(e)}/(kg \cdot kW \cdot h^{-1})$	0.151 1	0.494 2	0.365 3	0.318 2	0.322 6

上述计算表明,用热量法和实际焓降法计算出来的结果是热分摊比的两个极限,也就是说,合理的热分摊比应该介于这二者之间,才能准确反映出热电生产的转化过程。

加权法权值的确定不具有理论依据,只是人为计算分配。㶲分析法和折合㶲分摊法的区别在于是否计及可用㶲对热电分摊比的影响,折合㶲分摊法考虑了㶲和燃在实际热能利用过程中的不同作用,所以该方法较其他方法更能准确地评价能质利用情况。

2.4　燃气-蒸汽联合循环热电联产

2.4.1　概述

众所周知,一个国家的经济实力及发展与其占有的能源资源及利用情况密切相关,而将能源资源转化为电能则是能源利用工作中最为重要的手段,因而电力工业的发展程度标志着一个国家的发达程度。

自 1978 年我国执行改革开放政策以来,国民经济一直持续发展,人民的生活水平明显改善;到 1995 年底,国内生产总值已提前实现了 2000 年比 1980 年翻两番的目标,一次能源生产总量是 1980 年的 1.94 倍,发电量则为 1980 年的 3.33 倍。就一次能源消费总量和发电量而言,跃居世界第二位;但人均发电量仅为 833 kW·h,为世界第 89 位。这与我国能源生产和消费大国的地位极不相称,特别是无法满足国民经济飞速发展的需要,甚至已成为制约经济发展的重要因素。因此,优先发展能源产业(其中包括电力工业),必将成为我国一项长期的任务。

就世界电力工业发展历程来看,以往,人们主要是依靠燃煤的蒸汽轮机电站来实现发电目标的。在这个领域内,人们一直围绕着以下两大问题进行着卓越的工作:①不断地提高燃煤电站的单机容量和供电效率;②解决日益严重的燃煤造成的污染问题,以满足环境保护的要求。

显然,改善燃煤蒸汽轮机电站供电效率的主要方向是提高蒸汽的初参数并改进其热力循环系统的设计,也就是说,使主蒸汽的参数向亚临界、超临界甚至超超临界的方向发展,同时采用多级的再热循环系统和热电联产方案。目前,亚临界参数电站的供电效率为38%~41.9%,超临界参数电站的供电效率为40%~44.5%,而超超临界参数电站,即使达到表2.3所示的高参数条件,供电效率也只能实现表中所示的水平。

显然,要实现超超临界参数的供电效率水平,仍需进行大量的科学研究,它并非是指日可待的,困难仍然很多。

表2.3 超超临界参数蒸汽轮机电站供电效率的预估值

蒸汽压力/温度	供电效率
30.0 MPa/600 ℃/620 ℃	45.2%
31.5 MPa/620 ℃/620 ℃	45.6%
35.0 MPa/700 ℃/720 ℃	47.7%

注:表中的供电效率都是在蒸汽参数为27.0 MPa/585 ℃/600 ℃时,供电效率已达到44.5%高水平的基础上估算的。

在解决因燃煤带来的污染问题方面,人们首先致力于解决粉尘的排放问题,进而向解决NO_x和SO_x的方向发展。目前,粉尘的排放问题基本上已得到比较满意的解决,NO_x的问题也已能在锅炉中改用"低NO_x燃烧器"的方法得以控制。但是,无论是在"燃烧前""燃烧中"还是"燃烧后"处理SO_x的排放问题,都是十分昂贵的,许多方案都还在研究之中。目前,世界上在解决SO_x的排放问题上用得最普遍的方法是采用尾气脱硫装置(FGD)。可是这种装置的成本很高,大约要占全电站总投资费用的20%~25%,运行费用也很昂贵。例如,我国四川珞璜2×360 MW机组的FGD的年运行费用高达4 000万人民币,而且FGD的使用还将使电站的供电效率下降1个百分点左右。因而对于发展中国家来说,FGD方法往往可望而不可即。

众所周知,燃气轮机是从20世纪50年代开始逐渐登上发电工业舞台的。但是由于当时机组的单机容量小,热效率又比较低,因而在电力系统中只能作为紧急备用电源和调峰机组使用。20世纪60年代,欧洲各国和美国的大电网都曾发生过电网瞬时解列的大事故,这些事故促使人们加深了对电网中必须配备一定数量的燃气轮机发电机组的认识,因为燃气轮机具有快速"黑起动"的特性,它能保证电网运行的安全性和可恢复性。经验表明:从安全和调峰的目的出发,在电网中安装功率份额为8%~12%的燃气轮机发电机组是合适的。

然而,20世纪80年代以后,由于燃气轮机的单机功率和热效率都有很大程度的提高,特别是燃气－蒸汽联合循环逐渐趋于成熟,再加上世界范围内天然气资源的进一步开放,燃气轮机及其联合循环在世界电力系统中的地位就发生了明显的变化,它们不仅可以用作紧急备用电源和尖峰负荷机组,而且还能携带基本负荷和中间负荷。

目前已经生产的燃气轮机及其联合循环的性能参数见表2.4和表2.5。由此可见,燃气轮机的单机功率已经超过200 MW,热效率已超过35%;而联合循环的单机功率已达到350 MW,热效率已超过54.5%(近期内有望提高到58%)。显然,从热力性能的角度看,燃气－蒸汽联合循环完全可以承担基本负荷,而且性能比超超临界参数的燃煤蒸汽轮机电站优越得多。

表2.4 某些典型的燃气轮机发电机组的性能参数

公司名称	机组型号	ISO基本功率/MW	压比	燃气初温/℃	供电效率/%	单位售价/(美元·kW^{-1})
GE发电	PG9231(EC)	169.0	14.2	—	34.93	183
	PG9231(FA)	226.5	15.0	1 288	35.66	188
ABB	GT13F2	164.3	15.0	1 260	35.71	210
	GT26	240.0	30.0	—	37.79	204
Simens (KWU)	V64.3A	70.0	16.6	1 310	36.81	319
	V84.3A	170.0	16.6	1 310	38.00	—
	V94.3A	240.0	16.6	1 310	38.00	198
西屋	501G	235.2	19.2	1 427	39.00	180
	701F	236.7	15.6	1 349	36.77	187
GE船用与工业	LM6000-PA	41.2	29.6	1 160	39.78	296
R-R公司	Trenl	51.19	35.0	—	41.57	304
普惠	FT8	25.42	20.3	1 121	38.13	362

表 2.5　某些联合循环发电机组的性能参数

公司名称	机组型号	ISO基本功率/MW	供电效率/%	所配燃气轮机情况	单位售价/(美元·kW^{-1})
GE 发电	S—109EC	259.6	53.5	1台 MS9001EC	—
	S—109FA	348.5	54.8	1台 MS9001FA	255
	S—209FA	700.8	55.1	2台 MS9001FA	238
ABB	KA13E2—1	241.6	52.5	1台 13E2,双压蒸汽轮机	—
	KA13E2—1	244.2	53.0	1台 13E2,三压蒸汽轮机	282
	KA13E2—2	490.8	53.3	2台 13E2,三压蒸汽轮机	—
	KA13E2—3	737.3	53.4	3台 13E2,三压蒸汽轮机	255
	KA13E2—4	983.5	53.5	4台 13E2,三压蒸汽轮机	—
	KA26—1①	361.5	56.9	1台 GT26	262
	KA26—2①	725.9	57.1	2台 GT26	—
Simens/KWU	GUD1.94.2	235.0	51.9	1台 V94.2	255
	GUD1S.94.3A	354.0	57.2	1台 V94.3A	—
西屋	1×1 501F	250.5	54.8	1台 501F	—
	1×1 501G①	248.8	58.0	1台 501G	—
	2×1 501G①	697.6	58.0	2台 501G	—

注:①该机组尚在研制中。

总体来说,燃气－蒸汽联合循环具有以下优点:①供电效率远远超过燃煤的蒸汽轮机电站;②在国外,交钥匙工程的比投资费用约为 500～600 美元/kW,它要比带有 FGD 的燃煤蒸汽轮机电站(1 100～1 400 美元/kW)低很多;③建设周期短,可以"分阶段建设方针"建厂,资金利用最有效;④用地用水都比较少;⑤运行高度自动化,运行人员可大大减少;⑥运行的可用率高达 85%～95%;⑦便于快速"黑起动";⑧由于采用天然气或液体燃料,污染排放问题得到很好的解决,一般来说无飞尘,SO_x 和 NO_x 都很少,特别是在燃烧天然气时,还可以大大减少 CO_2 的排放量,燃用不同燃料时热力发电厂的 CO_2 排放情况见表 2.6。当然,解决污染问题的功劳应归于所用的洁净燃料的特性。

表 2.6　燃用不同燃料时热力发电厂的 CO_2 排放情况

燃料种类	所需燃料的含 C 量		燃烧后产生的 CO_2 量		发电时 CO_2 的排放量		
	kg/GJ	相对值	kg/GJ	相对值	发电效率/%	kg/(MW·h)	相对值
木材	27.3	112%	100	112%	35	1 000	124%
褐煤	26.2	108%	96	108%	37	935	113%
烟煤	24.5	100%	90	100%	39 / 45①	829 / 718①	100% / 87%①
重油	20.0	82%	74	82%	39	753	91%
原油	19.0	78%	70	78%	39	716	87%
天然气	13.8	56%	51	56%	40 / 50②	507 / 405②	61% / 49%②

注：①采用超超临界参数的汽轮发电机组时。
　　②采用燃气－蒸汽联合循环机组发电时。

综上所述，可以看出：在燃烧天然气或液体燃料的前提下，无论是在供电效率、比投资费用、发电成本、污染排放量还是在运行维护的可靠性方面，燃气－蒸汽联合循环发电方式都要比有 FGD 的燃煤蒸汽电站优越，因此越来越受到人们的青睐。在世界的发电容量中，其所占比例是明显地快速增长的。据不完全统计，到 1990 年底，全世界已经投入运行的燃烧天然气的联合循环发电机组的总功率为 14 019 MW；1991 年到 1996 年之间，投入运行的这种新机组容量的总和不低于 27 400 MW。而烧油和烧天然气的燃气轮机及其联合循环的装机容量则高达 4 亿 kW。自 1987 年开始，美国发电用燃气轮机的年生产总功率数已经超过了发电用蒸汽轮机的年生产总功率数。目前，全世界每年增长的发电容量中，有 35% 左右采用燃气－蒸汽联合循环发电设备。应该说：这也正是世界发电设备生产过程中出现的一次重大的历史性转折，它预示着今后燃烧天然气的联合循环的美好发展前景。

然而，燃气－蒸汽联合循环毕竟是以燃烧天然气或液体燃料为前提的，它是否也能燃用常规固体燃料呢？为了实现这个理想，从 20 世纪 70 年代开始人们就致力于研究开发燃煤的燃气－蒸汽联合循环的各种方案，其中有一个"整体煤气化燃气－蒸汽联合循环"方案（简称 IGCC）。它的设计思想是：使煤在高压、高强度、高效率的气化炉中汽化成为中热值煤气或低热值煤气，进而通过洗涤和脱硫过程，把煤气中的微尘、硫化物、碱金属等杂质清除干净，最后，把洁净的人造煤气输送到燃气－蒸汽联合循环中燃烧做功。显然，这种方案的供电效率一定比燃烧天然气的联合循环低一些,因为在人造煤气的制备过程中必然要损失一部分热能,同时还会增大电站的常用电消耗。但是,只要设计得当,IGCC的供电效率就能远远大于超超临界参数的燃煤蒸汽轮机电站尚未实现的效率指标,且其污染排放量是各种洁净煤发电技术中最低者之一,只有美国NSPS标准中规定的极限排放量的10%~30%,完全能够满足日益严格的环保质量的要求。目前,IGCC发电技术正处于第二代技术的成熟阶段,燃气轮机初温达到1 288 ℃,单机容量有望超过400 MW。世界在建和拟建的IGCC电站24座,总容量达8 400 MW。IGCC技术的高效节能引领煤气发电进入了环保清洁的新时代,在我国也掀起了一股发展IGCC项目的热潮。

2009年7月6日,我国首座自主开发、设计、制造并建设的IGCC示范工程项目华能天津IGCC示范电站在天津临港工业区正式开工,投产之后,按年利用5 000 h计算,每年发电量达12亿kW·h。在带动电力、化工、钢铁、煤炭等行业的节能减排和优化升级的过程中,IGCC将会促进不同产业间的融合,形成持续竞争力。

通过以上综述和分析,不难看清:在今后世界电力工业的发展历程中,不论是燃烧天然气、液体燃料还是固体燃料,开发大容量的高效率的燃气轮机及其联合循环是必然的趋势,它既能节约世界上日趋紧张的能源资源,又能保护环境。燃气轮机及其联合循环的发电机组必将成为世界电力工业中的重要组成部分,它的作用也将日益增大。可以毫不夸张地说:在世界范围的电力工业中,燃气轮机与燃气-蒸汽联合循环正在异军突起。

2.4.2 国内外发展现状

燃气轮机在20世纪20年代发明,20世纪40年代后期首先在航天技术上开始应用,之后迅速扩展到其他领域,在电力、石油与天然气输送、交通运输以及冶金、化工领域都得到了广泛的应用。燃气轮机的研究是现今能源与动力技术的主导领域。

20世纪50年代,燃气轮机开始在电力行业中使用,但当时由于单机容量小、循环效率低等特点,燃气轮机发电的主要功能还是作为应急备用电源和调峰机组使用。20世纪80年代起,随着材料研究和制造技术的不断进步,燃气轮机发电出力和循环热效率得到了很大提高,燃气发电技术日渐成熟,已经不仅可以用于应急和调峰,还可用于承担基本负荷和中间负荷。燃气轮机应用于电力领域时,燃气-蒸汽联合循环机组便应运而生。燃气-蒸汽联合循环机组以"高效、经济、节能、绿色"的目标为原则,因投资建造费用低、建设周期短、循环效率高、污染物排放少、运行灵活和启停快等多项优点,在电力行业中得到了极大的关注,在国内外均朝着大规模、运行高度自动化的方向迅速发展。燃气-蒸汽联合循环热电联产大大提高了纯燃气发电机组的循环效率和经济性,是绿色环保发展与推行的极佳选择。数据统计表明,1980年到2000年的20年间,世界新增的火电发电机组中,燃气轮机及其联合循环占35%以上;1998年欧洲新增的电网装机容量中,燃气轮机及其联合循环占81%,在亚洲的占比也高达36%。燃气轮机及其联合循环为美国带来了几乎全部新增电力装机容量;而从20世纪70年代开始,日本东京电力公司以LNG的形式从美国阿拉斯加引入了燃气,开始采用燃气发电机组,并因其调峰性能强、环保性能良好、效率高等优点快速发展起来。截至2014年,日本可使用的LNG发电站的装机容量占总发电装机容量的65%以上。目前,重型燃气轮机主要由MHI、Siemens、GE、WestHouse、ABBF和Alsthom等主导公司设计和生产。

随着我国近年来对燃气轮机的引进、开发和利用,燃气－蒸汽联合循环在国内的发展也得到了很大的提升,开启了一个崭新的阶段。在发电领域,燃气－蒸汽联合循环电厂的发电等级已经大大超越了传统燃煤电厂,循环热效率也基本超过了传统燃煤电厂的效率。经过近几年对燃气轮机的发展和研究,我国在F级机组的研发、生产、运行和检修等方面都累积了很多宝贵的经验,同时还引进了其他机型的燃气轮机制造技术。目前,我国燃气轮机的自主生产率已超过70%。我国电力系统中燃气发电的主要应用方式有三种:承担基本负荷、中间负荷或用来调峰的大型高效燃气－蒸汽联合循环机组;作紧急备用和参与调峰的中型快速机组;以提高能源利用率为目的的热电联产或热电冷三联供型联合循环机组。这些联合循环机组的能量利用率都可以达到75%以上,热电冷三联供型的联合循环机组效率甚至可以达到80%以上。政府也持大力支持燃气机组的研究与应用,出台了一系列相关政策推进燃气技术发展,"西气东送"工程和广东液化天然气工程为我国燃气－蒸汽联合循环机组的大规模建设提供了便利。国外广泛的实践经验表明,电力总装机容量中,燃气发电应占8%～12%,才能使电力系统更加安全和稳定。目前为止,我国燃气发电及其联合循环的占比距离这个数字还相去甚远,但是随着燃气轮机技术的深入研究和快速发展,燃气轮机在电力领域中的地位和效用日益增强。预计至2030年时,燃气－蒸汽联合循环机组的电力装机将占全国总容量的10%甚至更多。

2.4.3 联合循环系统简介

(1) 联合循环基本原理。

燃气－蒸汽联合循环机组的主要设备有燃气轮机、余热锅炉、蒸汽轮机、发电机和相关辅机。现代燃气轮机尾部的排气温度大多比常规蒸汽轮机循环的主蒸汽温度还要高,这样的高温燃气直接排入大气使尚未利用的一部分可用能被浪费,于是产生了将燃机的高温排气引入余热锅炉中作为给水加热的热源,产生高温、高压的蒸汽在蒸汽轮机中膨胀做功,带动发电机发电的新循环,即余热锅炉型的燃气-蒸汽联合循环,其热力系统图如图 2.7 所示。

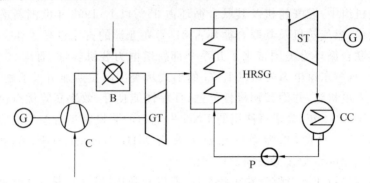

图 2.7 燃气-蒸汽联合循环热力系统图
C—压气机;B—燃烧室;GT—燃气轮机;HRSG—余热锅炉;
ST—蒸汽轮机;CC—凝汽器;P—给水泵;G—发电机

燃气轮机热力循环的特点是平均吸热温度高,放热温度也高,排热损失大,还有很多余热能没有得到充分利用,因而效率不高;而蒸汽轮机循环则受限于水蒸气的热力特性,无法达到很高的蒸汽初温,但由于凝汽器的低真空特性,排汽的凝结温度很低,平均吸热温度低,平均放热温度也低,所以循环效率也不高。

燃气-蒸汽联合循环将工作在高温范围内的燃气轮机布雷顿循环和工作在中低温范围内的蒸汽轮机朗肯循环叠加起来,组成联合循环总能利用系统。燃气轮机的布雷顿循环作为顶循环,蒸汽轮机的朗肯循环作为底循环,叠加后的总循环平均吸热温度为燃气的初温,而平均放热温度为凝结水温,因此大幅提高了总循环效率,实现了能量的梯级利用。燃气-蒸汽联合循环的 $T-s$ 曲线如图 2.8 所示。图中:1—2 为空气在压缩机中的压缩过程;2—3 为燃料和压缩后的空气在燃烧室中燃烧生成高温高压燃气的过程;3—4 为燃气在燃气轮机中膨胀做功的过程;4—5 为燃气排气在余热锅炉中加热给水的过程;5—1 为余热锅炉将利用过的排气最终排向大气的过程;6—7—8—9 为给水在余热锅炉中被排气加热成高温高压过热蒸汽的过程;9—10 为蒸汽在蒸汽轮机内膨胀做功的过程;10—11 为蒸汽轮机中做过功的排汽进入凝汽器被冷凝的过程;11—6 为经过冷凝的水在给水泵中升压的过程。

由图 2.8 可知,燃气轮机循环的平均吸热温度较高,而蒸汽轮机循环的平均放热温度较低,燃气-蒸汽联合循环将两者有机结合起来,蒸汽轮机循环的加热热源由内燃机排气的余热承担,可以做到优势互补、取长补短、相得益彰,联合循环总的热效率为

$$\eta_{tp} = \eta_{GT} + (1-\eta_{GT}) \cdot \eta_{HR} \cdot \eta_{ST} \tag{2.37}$$

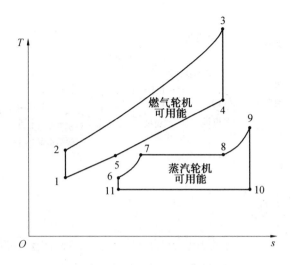

图 2.8 燃气－蒸汽联合循环的 $T-s$ 曲线

式中，η_{tp} 为联合循环总的热效率；η_{GT} 为燃气轮机循环效率；η_{HR} 为余热锅炉效率；η_{ST} 为蒸汽循环实际效率。

式(2.37)表明，将燃气轮机排气的余热合理用作主蒸汽(主蒸汽表示蒸汽轮机(ST)高压缸进口蒸汽)的热源后，联合循环总效率得到了提升。且燃气轮机效率提高时也能相应地提高联合循环总效率，故联合循环中要尽量采用效率高的燃气轮机设备，以提高运行中总的热力性能。

(2) 联合循环不同拖动方式。

① "一拖一"与"二拖一"方式。燃气－蒸汽联合循环机组可采取一台燃气轮机、一台余热锅炉和一台蒸汽轮机，即"一拖一"的方式运行；也可以采取两台燃气轮机、两台余热锅炉和一台蒸汽轮机，即两套燃机余热锅炉系统同时作为一台蒸汽轮机热源的"二拖一"方式运行。两种运行方式的热力系统示意图分别如图 2.9 和图 2.10 所示。

"二拖一"运行时蒸汽轮机的容量相当于两台"一拖一"蒸汽轮机同时运行的总容量，由于蒸汽轮机容量越大循环效率越高，且"二拖一"运行少一套配套发电设备，厂用电率相对较低，因此在额定负荷下，"二拖一"运行时机组的循环热效率略高于"一拖一"运行。

"一拖一"运行中的蒸汽轮机与余热锅炉一一对应布置，结构紧凑，启、停机速度较快，操作简便、灵活；而"二拖一"运行中的蒸汽轮机主蒸汽由两台余热锅炉的蒸汽汇合而成，汽水系统和管道布置相对复杂，在启、停机或者是变负荷时，操作复杂，机组灵活性略低于"一拖一"运行。

"一拖一"运行时，一台蒸汽轮机出现故障或需要停机检修时，另一台蒸汽轮

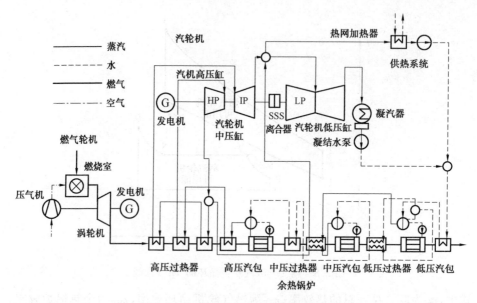

图 2.9 "一拖一"方式热力系统示意图

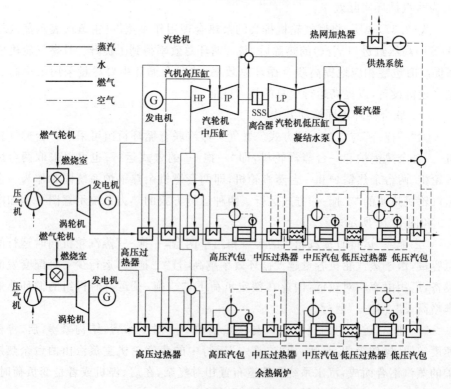

图 2.10 "二拖一"方式热力系统示意图

机仍能继续对外发电供热,几乎不会影响到机组的热经济性,且故障蒸汽轮机所在的机组可停机维护也可切至旁路;而"二拖一"运行时,当机组中唯一的蒸汽轮机出现故障或需要停机检修时,所有蒸汽都只能经由旁路减温减压后送去供热,无法做功发出电能,机组经济性大幅下降。当余热锅炉或燃气轮机出现故障或停机时,"一拖一"运行的另一套机组能继续工作,不会造成很大影响;而对于"二拖一"运行,由于主蒸汽流量减半,各压力等级蒸汽的参数都随之降低,无法达到供热需求。

②抽凝与背压模式。机组以抽凝模式运行时,热网供回水的加热热源为中、低压缸联管上抽汽点处抽出的高温蒸汽,在联管上有用来调节蒸汽压力的控制阀门。低压缸排汽经由凝汽器冷凝,再由凝结水泵提高压力后,与经过热网疏水泵升压的热网加热器疏水汇合,作为给水一起在余热锅炉中被燃气轮机排气加热为合格的蒸汽并送入蒸汽轮机。抽凝模式下热力系统示意图如图 2.11 所示。

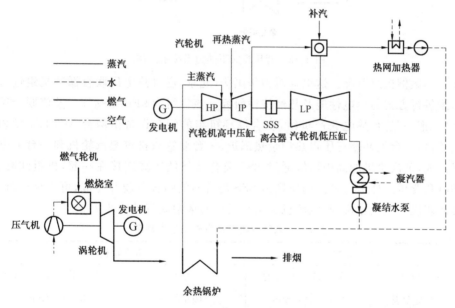

图 2.11 抽凝模式下热力系统示意图

机组以背压模式运行时,低压缸从 SSS 离合器脱离,完成解列并退出运行,热网加热器的热源为高中压缸的全部来汽。热网加热器疏水由热网疏水泵提高压力后,作为给水送入余热锅炉中进行加热。背压模式在非供热季以纯凝模式运行,供热季低压缸解列后,高中压缸的排汽全部用于加热热网水,不受安全要求中对低压缸最小进汽量的限制,从而使联合循环机组的供热能力得到极大发挥,大幅提高了机组的循环热效率。背压模式下热力系统示意图如图 2.12 所示。

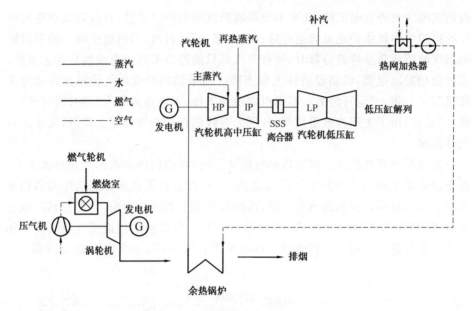

图 2.12 背压模式下热力系统示意图

③案例机组概况。这里针对神华国华(北京)燃气热电厂联合循环机组进行多维运行方式的热电性能及热经济性研究。该机组为 9FB 型燃气－蒸汽联合循环"二拖一"运行热电联产机组,联合循环机组的配套设备由两台 M701F4 型燃气轮机、一台无补燃三压再热型余热锅炉、一台双缸双排汽蒸汽轮机和一台发电机组成,蒸汽轮机的高中压缸通过 SSS 离合器与低压缸连接在一起,机组纯凝、抽凝和背压三种运行模式的切换由 SSS 离合器的啮合与脱开完成,可多维运行、灵活切换。燃气轮机、蒸汽轮机和余热锅炉的选型规范见表 2.7、表 2.8。

表 2.7 燃气轮机与蒸汽轮机选型规范

燃气轮机		蒸汽轮机	
型号	M701F4 型/重型	型号	TC2F－40.5inch
额定转速	3 000 r/min	额定转速	3 000 r/min
压气机叶片级数	17 级	型式	三压、再热、双缸
压气机型式	轴流式	排汽压力	4.9 kPa
压气机压比	18	末级叶片高度	1 029 mm
燃烧器型式	干式、低 NO_x	末级叶片出口的环面面积	8.04 m^2
燃烧室数量	20 个	排汽数目	双排汽
燃机透平级数	4 级	排汽方向	向下排汽

表 2.8 余热锅炉选型规范

蒸汽	蒸汽质量流量/(kg·s^{-1})	过热器出口蒸汽压力/bar[①]	蒸汽温度/℃
高压	81.14	128.7	526
再热	101.5	33.5[②]	551
中压	22.9	35.6	293
低压	12.23	6.0	247
效率	82.6%		
压降	3.93 kPa		

注:①1 bar=0.1 MPa。
②该压力为再热器出口蒸汽压力。

当该机组以背压模式运行时,保证供热量条件下发电出力为 836.24 MW,可对外供热能力为 695.4 MW;在年平均气温下,当该机组以纯凝模式运行时,保证出力工况发电功率为 950.98 MW。机组设计工况基本参数见表 2.9。

表 2.9 机组设计工况基本参数

项目	数值		
	纯凝机组	抽凝机组	背压机组
环境温度/℃	12	−4.2	−4.2
环境压力/kPa	101.07	102.14	102.14
燃料量(单台)/(t·h^{-1})	63.04	66.57	66.57
燃气轮机排气温度/℃	595.5	576	576.2
燃气轮机排气流量(单台)/(t·h^{-1})	2 640.5	2 808.6	2 808.6
燃气轮机出力/MW	645.78	692.64	692.64
主汽流量/(t·h^{-1})	567.3	584.1	585.6
主汽温度/℃	538	523.9	524.1
主汽压力/MPa	12.75	12.59	12.61
再热蒸汽流量/(t·h^{-1})	721.6	730.9	732.3
再热蒸汽温度/℃	566	549.2	548.8
再热蒸汽压力/MPa	3.35	3.36	3.37
背压/kPa	4.9	3.4	637
蒸汽轮机出功/MW	305.2	168.5	143.6
供热抽汽量/(t·h^{-1})	—	668.6	—
供热量/MW	0	535	678
联合循环出力/MW	950.98	861.14	836.24

根据主机技术协议,以纯凝模式运行时燃机负荷率100%工况的联合循环机组整体性能保证条件如下。

a. 环境温度:12.0 ℃;b. 环境湿度:57.0%;c. 环境压力:101.7 kPa;d. 循环水进水温度:20.1 ℃;e. 发电机功率因数:0.85;f. 发电机氢压:0.35 MPa(g);g. 发电机频率:50 Hz;h. 燃气低位热值 LHV:46 102 kJ/kg;i. 压气机条件:试验前水洗,实际运行小时数(AOH)小于 500 h;j. 燃料供应条件:3.6~3.9 MPa,温度高于 5 ℃。

(3)不同运行方式下最大供热能力的理论计算。

①比例法。比例法以"最大供热量与最大供热抽汽量的比值等于典型供热量与典型供热抽汽量的比值"为计算原则,根据联合循环机组在不同运行方式下的现场运行参数,可以计算出机组的最大供热量

$$Q = G_h c \Delta T \tag{2.38}$$

式中,Q 为供热量,kJ/h;G_h 为热网水的质量流量,kg/h;c 为水的比热容,kJ/(kg·K);ΔT 为供回水温差,K。

案例机组现场运行供热参数见表 2.10。

表 2.10 案例机组现场运行供热参数

项目	二拖一	一拖一
中压蒸汽流量/(t·h^{-1})	96	67
低压蒸汽流量/(t·h^{-1})	80	38
冷再热蒸汽流量/(t·h^{-1})	636	312
热网供水温度/℃	109	103
热网回水温度/℃	50	50
热网水流量/(t·h^{-1})	3 116	3 798
供热量/(GJ·h^{-1})	767	839

供热季机组的热网设计供回水温度为 130 ℃/70 ℃,由比例法计算出机组不同运行方式下满负荷时所能承担的最大供热量见表 2.11。

表 2.11 比例法计算最大供热量

参数	抽凝模式		背压模式	
	二拖一	一拖一	二拖一	一拖一
供热蒸汽量/(t·h^{-1})	672	277	812	417
最大供热量/(GJ·h^{-1})	1 741	743	2 104	1 118

由表 2.11 可以看出,背压模式下的最大供热量明显高于抽凝模式下的最大

供热量,这是因为抽凝模式受到安全性的限制,在保证低压缸最小进汽流量的情况下,供热蒸汽的抽汽量是有限的;而背压模式下,由于中压缸的排汽完全用来供热,其供热的能力得到了充分的发挥。而由于"二拖一"运行方式的主蒸汽量几乎是"一拖一"的两倍,因此仅从最大供热能力的角度来说,"二拖一"的供热能力优于"一拖一"。

②焓值法。按照联合循环机组现场的实际运行数据,背压模式下"二拖一"运行时,冬季供热季蒸汽压力为 0.25 MPa,温度为 300 ℃,焓值为 3 070.85 kJ/kg;热网供水压力为 0.8 MPa,温度为 109 ℃,焓值为 457.61 kJ/kg;回水压力为0.5 MPa,温度为 50 ℃,焓值为 209.76 kJ/kg;热网加热器疏水压力为0.1 MPa,温度为 77.9 ℃,焓值为 326.18 kJ/kg。根据系统热力平衡有

$$D_s(h_s-h_d)\eta_h = G_h(h_{w2}-h_{w1}) \tag{2.39}$$

式中,D_s 为供热蒸汽流量,kg/h;G_h 为热网换热器热水流量,kg/h;h_s 为供热蒸汽焓,kJ/kg;h_d 为供热蒸汽疏水焓,kJ/kg;h_{w2} 为热水供水焓,kJ/kg;h_{w1} 为热水回水焓,kJ/kg;η_h 为热网加热器效率,取 0.95。

热网供回水的平均流量为 3 116 t/h,冬季供热量为 772.3 GJ/h,由式(2.39)可以算出所对应的供热蒸汽量应为 298.05 t/h,与实际运行中的供热蒸汽流量基本一致。根据供热季机组运行在最大供热量时的热力参数,可以计算出抽凝模式和背压模式下,"二拖一"和"一拖一"运行时,机组的最大供热量,见表 2.12。

表 2.12 焓值法计算最大供热量

参数	抽凝模式		背压模式	
	二拖一	一拖一	二拖一	一拖一
供热蒸汽量/(t·h^{-1})	672.242	301.715	811.462	462.575
最大供热量/(GJ·h^{-1})	1 739.374	785.622	2 102.008	1 133.547

焓值法的计算结果与比例法的计算结果基本一致,背压模式下的最大供热量高于抽凝模式下的最大供热量,而"二拖一"的最大供热量也明显高于"一拖一"。但这种计算方法还是较为粗略,只能用于大致的估算,用于热经济性的计算会导致较大的误差,下面采用软件搭建变工况模型进行更为精细的计算。

2.4.4 联合循环机组热经济性计算指标

由于热电联产系统的热力参数分析均以性能分析为基础,采用热量法(即好处归电法)计算联合循环热电联产机组的热经济性指标:

供热机组的总热耗量 Q_{tp}(GJ/h):

$$Q_{tp} = \frac{G_f Q_{ar,net}}{10^6} \tag{2.40}$$

供热热耗量 $Q_{tp(h)}$（GJ/h）：

$$Q_{tp(h)} = \frac{Q}{\eta_{RH}\eta_p\eta_{hs}} \tag{2.41}$$

发电热耗量 $Q_{tp(e)}$（GJ/h）：

$$Q_{tp(e)} = Q_{tp,A} - Q_{tp(h)} \tag{2.42}$$

供热气耗率 $b_{f(h)}$（m³/GJ）：

$$b_{f(h)} = \frac{10^6 Q_{tp(h)}/q_{ar,net}}{Q} \tag{2.43}$$

发电气耗率 $b_{f(e)}$（m³/(kW·h)）：

$$b_{f(e)} = \frac{10^6 Q_{tp(e)}/q_{ar,net}}{P_e} \tag{2.44}$$

供热热效率 $\eta_{tp(h)}$：

$$\eta_{tp(h)} = \frac{Q}{Q_{tp(h)}} \tag{2.45}$$

发电热效率 $\eta_{tp(e)}$：

$$\eta_{tp(e)} = \frac{3.6 P_e}{1\,000 Q_{tp(e)}} \tag{2.46}$$

热电比 X：

$$X = \frac{1\,000 Q}{3.6 P_e} \tag{2.47}$$

式中，G_f 为天然气的质量流量，kg/h；$Q_{ar,net}$ 为天然气的低位发热量，取 50 015 kJ/kg；η_{RH} 为余热锅炉效率，取 0.826；η_p 为管道热效率，取 0.99；Q 为机组的供热量，GJ/h；η_{hs} 为热网加热器效率，取 0.95；$q_{ar,net}$ 为天然气的热值，取 36 440 kJ/m³；P_e 为机组的发电功率，kW。

2.4.5 联合循环机组热经济性综合指标

燃气蒸汽联合循环热电联产机组的出现，在改善环境的同时实现了能源梯级利用，是城市供热无煤化发展、建设低碳生态区域能源系统的必然产物。天然气发电以燃气蒸汽联合循环电站为主，联合循环机组装机容量大幅提高。机组中各组件性能将直接影响电厂的天然气消耗量，进而影响电厂的发电成本。因此，分析联合循环机组各组件的发电成本组成，找出机组中节能潜力较大的组件，优化机组运行和控制，减少和预防机组故障，降低发电成本，是当前节能降耗工作的重要内容。

燃气蒸汽联合循环发电是一项综合利用能源技术，比起单独的燃气轮机循环和蒸汽轮机循环，燃气蒸汽联合循环的热能利用水平有明显的提高，联合循环的效率可以达到 70%。目前，国内外对于燃气蒸汽联合循环和热电联产单独进行的研究较多,而且取得了不错的成果;但是,对于燃气蒸汽联合循环与热电联产相结合的方式进行的研究较少,而且缺少相应的评价指标和评价体系。

对于燃气蒸汽联合循环发电机组等复杂能量转化系统的热力性能评估和故障诊断方法可分为两类:①基于热力学第一定律的热平衡法(如等效焓降法);②基于热力学第二定律的㶲分析法。基于热力学第一定律的计算分析方法可以量化能量转换过程中各组件进出口的物流和能流,却不能确定能量的传递方向和能量品质,以致无法分析机组节能降耗、优化运行的方向;基于热力学第二定律的计算分析方法可以计算能量转换过程中的不可逆损失,并且确定各组件能量传递的方向。

这里以2套F级、一拖一多轴布置、燃用天然气的燃气蒸汽联合循环热电联产机组为例进行热经济性分析。该机组采用目前世界上已非常成熟的SCC5－4000F多轴联合循环发电技术。该机组燃气轮机和蒸汽轮机采用联合厂房室内布置,余热锅炉露天布置,燃气轮机和蒸汽轮机之间为集控楼,布置有电控设备、化水设备等。该机组机岛设备采用上海电气电站集团引进德国西门子股份公司的燃气轮机生产技术生产的SGT5－4000F(4+)型燃气轮机,双缸、三压再热、可调整抽汽、抽凝式汽轮机;燃气轮机发电机为QFSN－300－2型(300 MW/353 MV·A);汽轮机发电机为QF－150－2型(150 MW/176.5 MV·A)。室内按顺序布置燃气轮机—燃气轮机发电机—抽凝式汽轮机—抽凝式汽轮机发电机。汽轮机向下排汽。余热锅炉采用三压、再热、无补燃、卧式、自然循环余热锅炉,室外布置。燃气蒸汽联合循环热电联产机组主要设备参数见表2.13。

表2.13 燃气蒸汽联合循环热电联产机组主要设备参数

参数	数值
抽汽压力/MPa	1.2
非采暖制冷季节抽汽量/(t·h^{-1})	290
采暖制冷季节抽汽量/(t·h^{-1})	360
发电机额定功率/MW	300
高压蒸汽压力/MPa	13.367
高压蒸汽温度/℃	557
中压蒸汽压力/MPa	3.708
中压蒸汽温度/℃	337.43
中压蒸汽流量/(kg·s^{-1})	15.689
低压蒸汽压力/MPa	0.338
低压蒸汽温度/℃	245.7
低压蒸汽流量/(kg·s^{-1})	16.163
余热锅炉烟气压降/kPa	3.3
余热锅炉烟囱排烟温度/℃	87.9

(1) 热电厂热经济性综合指标。

无供热机组的主要热经济性指标为全厂热效率、全厂热耗率和标准煤耗率等。热电厂的主要经济指标要复杂得多,因为热电厂是利用在汽轮机中做过功、发过电的部分蒸汽(供热汽流)对外供热的,并没有单一的热电厂热经济性指标,只能采用综合指标(既有总指标又有分项指标)进行评价。热电厂热经济性综合指标如下。

① 热电厂燃料利用系数。

$$\eta_{tp} = \frac{3\,600W + Q_h}{B_{tp}Q_{net}} \tag{2.48}$$

式中,W 为热电厂发电量,kW;Q_h 为热电厂供热量,kJ/h;B_{tp} 为热电厂煤耗量,kg/h;Q_{net} 为燃料低位发热量,kJ/kg。

② 热电厂热电比。

$$X = \frac{Q_{h,t}}{3\,600W} \tag{2.49}$$

式中,$Q_{h,t}$ 为供热机组热化供热量,kJ/h。

③ 热电厂热化发电率。

$$\omega = \frac{W_h}{Q_{h,t}} \tag{2.50}$$

式中,W_h 为热电厂热化发电量,kW。

④ 热电厂发电热效率。

$$\eta_{tp(e)} = \frac{3\,600P_e}{Q_{tp(e)}} \tag{2.51}$$

式中,P_e 为热电厂发电功率,kW;$Q_{tp(e)}$ 为热电厂发电热耗量,kJ/h。

⑤ 热电厂供热效率。

$$\eta_{tp(h)} = \frac{Q}{Q_{tp(h)}} \tag{2.52}$$

式中,$Q_{tp(h)}$ 为热电厂供热热耗量,kJ/h。

⑥ 热电厂热电分摊比。

$$\beta_{tp(l)} = \frac{Q_{tp(h)}}{Q_{tp}} \tag{2.53}$$

式中,Q_{tp} 为热电厂的总热耗量,kJ/h;$Q_{tp(h)}$ 为热电厂供热热耗量,kJ/h。

(2) 热量法联合循环计算模型。

用热量法的正平衡法计算该机组的热效率,用反平衡法计算该机组的能量损失,将计算结果与正平衡法相校核并加以分析。

① 正平衡法。

a. 燃气轮机。

(a) 压气机等熵效率

$$\eta_c = \frac{T_{2s} - T_1}{T_2 - T_1} \quad (2.54)$$

式中，T_{2s} 为压气机理想出口温度，K；T_1 为压气机进气温度，K；T_2 为压气机实际出口温度，K；η_c 为压气机等熵效率，一般为 0.80～0.92。

(b) 空气在压气机中耗功量

$$W_c = h_2 - h_1 = c_{pa}(T_2 - T_1) \quad (2.55)$$

式中，h_2 为空气出口比焓，kJ/kg；h_1 为空气入口比焓，kJ/kg；c_{pa} 为空气比热容，kJ/(kg·K)。

(c) 燃烧室燃烧效率

$$\eta_b = \frac{q_b}{fH_\mu} \quad (2.56)$$

式中，q_b 为空气在燃烧室中吸热量，kJ/kg；f 为燃料量，kJ/kg；H_μ 为给定的天然气的热值，kJ/kg。

(d) 燃料在透平中的做功量

$$W_t = h_3 - h_4 = c_{pg}(T_3 - T_4) \quad (2.57)$$

式中，c_{pg} 为燃料的比热容，kJ/(kg·K)；h_4 为透平出口比焓，kJ/kg；h_3 为透平入口比焓，kJ/kg；T_3 为透平入口燃气温度，K；T_4 为透平出口燃气温度，K。

(e) 燃气轮机发电效率（循环净效率）

$$\eta_{gt} = \frac{P_1}{Q_{net,gt}} \quad (2.58)$$

式中，$Q_{net,gt}$ 为燃气轮机所消耗燃料的能量，kW；P_1 为燃气轮机发电功率，kW。

b. 余热锅炉。

(a) 余热锅炉燃气总能量

$$Q_1 = h_{g4} q_{mgs} \quad (2.59)$$

式中，q_{mgs} 为热电厂余热锅炉效率，%；h_{g4} 为余热锅炉出口比焓，kJ/kg。

(b) 燃料在余热锅炉中放出的总热量

$$Q_f = c_{pg}(T_4 - T_{g5}) q_{mgs} \quad (2.60)$$

式中，T_{g5} 为余热锅炉排烟温度，K。

(c) 蒸汽在余热锅炉总吸热量

$$Q_{st} = Q_{st1} + Q_{st2} + Q_{st3} + Q_{st4} \quad (2.61)$$

式中，Q_{st1} 为主蒸汽在余热锅炉吸热量，kJ；Q_{st2} 为再热蒸汽在余热锅炉吸热量，kJ；Q_{st3} 为中压蒸汽在余热锅炉吸热量，kJ；Q_{st4} 为低压蒸汽在余热锅炉吸热量,kJ。

(d)余热锅炉效率

$$\eta_h = \frac{Q_{st}}{Q_f} \tag{2.62}$$

式中,Q_f 为燃料在余热锅炉中放出的总热量,kJ。

c.蒸汽动力循环部分。

(a)汽轮机输入能量

$$Q_{sr} = Q_{H1} + Q_3 + Q_4 \tag{2.63}$$

式中,Q_{H1} 为主蒸汽所携带的能量,kJ;Q_3 为中压蒸汽所携带的能量,kJ;Q_4 为低压蒸汽所携带的能量,kJ。

(b)汽轮机输出能量

$$Q_{sc} = Q_{zr} + Q_{fg} + Q_{h1} \tag{2.64}$$

式中,Q_{zr} 为再热蒸汽能量,kJ;Q_{fg} 为汽轮机中蒸汽总做功量,kJ;Q_{h1} 为对外供热的蒸汽能量,kJ。

(c)蒸汽轮机发电功率

$$P_2 = W_i \eta_g \eta_m \tag{2.65}$$

式中,η_m 为机械效率;η_g 为蒸汽轮机发电机效率。

(d)联合循环机组热效率

$$\eta_{cc} = \frac{P_2 + P_1 + Q_h}{Q_{net,gt}} \tag{2.66}$$

式中,$Q_{net,gt}$ 为燃气轮机所消耗燃料的能量,kW。

②反平衡法。

采用反平衡法计算各个系统的能量损失、收益及效率,完成正反平衡计算的校核,保证计算的准确性。

a.燃气轮机发电功率。

$$P_1 = P_{1w} - Q_{jx1} - Q_{fd1} \tag{2.67}$$

式中,P_{1w} 为燃气轮机额定发电功率,kW;Q_{jx1} 为燃气轮机的机械损失,kW;Q_{fd1} 为燃气轮机的发电损失,kW。

b.联合循环机组热效率。

$$\eta_{cc2} = \frac{P}{Q_{net,gt}} \tag{2.68}$$

c.正反平衡联合循环效率校核。

$$\Delta = \left| \frac{\eta_{cc} - \eta_{cc2}}{\eta_{cc}} \right| \times 100\% \tag{2.69}$$

③热量法计算结果分析。

有/无供热时反平衡法计算结果见表 2.14。根据表 2.14 计算结果可知:无供热时,标况下联合循环机组总发电量为 444.92 MW,联合循环发电效率为 59.40%;冷源损失最大,其次为余热锅炉排烟热损失。

表 2.14 有/无供热时反平衡法计算结果

项目	有供热	无供热
燃烧损失/MW	1.40	1.40
余热锅炉散热损失/MW	3.74	3.74
余热锅炉排烟热损失/MW	36.18	36.18
冷源损失/MW	163.96	256.20
总机械损失/MW	3.17	3.20
联合循环机组总发电量/MW	406.38	444.92
厂用电损失/MW	2.85	3.18
联合循环发电效率/%	71.40	59.40

将反平衡法计算结果绘制成无供热和有供热时机组能流图,如图 2.13、图 2.14 所示。由图 2.13、图 2.14 可见:无供热时凝汽损失最大,排烟损失次之;有供热时标况下联合循环机组的发电功率为 406.38 MW,联合循环发电效率为 71.40%。

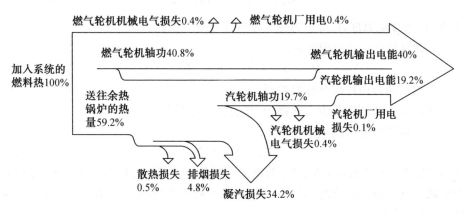

图 2.13 无供热时机组能流图

根据上述计算结果可知:无供热时凝汽损失高达 34.2%,有供热时凝汽损失为 22%,其他损失基本保持不变,即有供热时降低了机组的总损失;有供热时联合循环发电效率为 71.40%,无供热时联合循环发电效率为 59.40%,联合循环效率得到了极大提高,能源利用率明显提升。余热锅炉排烟也可以用来加热给水,增加了余热的回收利用率,联合循环热效率必然提高。

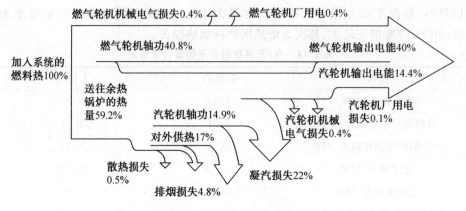

图 2.14 有供热时机组能流图

(3)㶲方法联合循环计算模型。

①燃气轮机计算模型。

a.燃气轮机进口㶲(燃料所携带的能量)。

$$E_{x,f} = q_{mf} H_\mu \tag{2.70}$$

式中,q_{mf}为燃气轮机所消耗的燃料量,kg/s;H_μ为燃料的热值,kJ/kg。

b.燃气轮机排气㶲。

$$E_{x,0} = (1 - \frac{T_0}{T_{g4}}) h_{g4} q_{mgs} \tag{2.71}$$

式中,T_0为环境温度,K;q_{mgs}为燃气轮机排气量,kg/s。

c.燃气轮机不可逆㶲损失。

$$E_{x1} = E_{xf} - E_{x0} - P_1 \tag{2.72}$$

②蒸汽动力循环部分计算模型。

蒸汽动力循环部分由余热锅炉、汽轮机和冷凝器等组成。

a.汽轮机不可逆损失。

$$E_{xq} = E_{x1} - E_{x2} + E_{x3} + E_{x4} - E_{x8} - P_2 \tag{2.73}$$

式中,E_{x1}为主蒸汽㶲,kJ/kg;E_{x2}为进入余热锅炉再热蒸汽㶲,kJ/kg;E_{x3}为离开余热锅炉进入中压缸的㶲,kJ/kg;E_{x4}为低压蒸汽的㶲,kJ/kg;E_{x8}为离开汽轮机的乏汽㶲,kJ/kg。

b.对外供热蒸汽㶲。

$$E_{xh} = (1 - \frac{T_0}{T_h}) D_h h_h \tag{2.74}$$

式中,T_h为对外供热蒸汽温度,K;D_h为对外供热蒸汽流量,kg/s;

c.汽轮机㶲效率。

$$\eta_{ex3} = \frac{E_{xh} + P_2}{E_{x1} - E_{x2} + E_{x3} + E_{x4} - E_{xh}} \tag{2.75}$$

③㶲方法计算结果分析。有/无供热时㶲方法计算结果见表 2.15。由表 2.15 可知:无供热时,标况(标准工况)下的燃气轮机㶲效率为 38.70%,余热锅炉㶲效率为 88.80%,蒸汽轮机㶲效率为 52.10%,联合循环㶲效率为 57.70%;有供热时,标况下燃气轮机㶲效率为 38.70%,余热锅炉㶲效率为 62.20%,蒸汽轮机㶲效率为 65.40%,联合循环㶲效率为 62.60%。这是因为,有供热时,燃气轮机部分并没有发生任何变化,但蒸汽动力循环部分中的蒸汽轮机对外供热,冷源损失减小,所以蒸汽轮机的㶲效率提高。

表 2.15 有/无供热时㶲方法计算结果

项目	无供热	有供热
燃气轮机不可逆㶲损失/(kJ·kg^{-1})	158 113.73	158 113.73
燃气轮机㶲效率/%	38.70	38.70
工质在锅炉获得的总㶲/(kJ·kg^{-1})	267 298.80	267 207.15
余热锅炉不可逆损失/kW	31 028.85	31 120.51
余热锅炉㶲效率/%	88.80	62.20
过热蒸汽㶲/(kJ·kg^{-1})	177 256.71	177 256.71
出口乏汽㶲/(kJ·kg^{-1})	57 880.26	37 043.14
蒸汽轮机发电量/kW	142 329.80	104 579.83
蒸汽轮机不可逆损失/kW	73 075.58	57 382.46
蒸汽轮机㶲效率/%	52.10	65.40
联合循环㶲效率/%	57.70	62.60

(4)热量法和㶲方法计算结果对比分析。

评价火电厂热经济性有两种基本分析方法:①基于热力学第一定律的热量法(效率法、热平衡法);②基于热力学第二定律的㶲方法(可用能法、做功能力法)或熵方法(熵损、做功能力损失)。采用热量法和㶲方法对同一热电联产机组进行计算的结果见表 2.16。由表 2.16 可见:两种方法对于损失分布的计算结果完全不同;燃气轮机中的热量损失不多(只占供入热量的 0.80%),但由于燃气轮机中的燃烧室存在燃烧,而燃烧、传热具有严重不可逆性,㶲损失占供入㶲的 22.78%;凝汽器造成的㶲损失很小,仅占供入㶲的 9.76%。因此,要提高联合循环效率,应该注重减少燃气轮机的燃烧损失,同时降低余热锅炉的传热温差。

表 2.16　无供热时机组热损失和㶲损失

项目	热量法热损失		㶲方法㶲损失	
	数值/(kJ·s^{-1})	所占份额/%	数值/(kJ·s^{-1})	所占份额/%
燃气轮机	5 990.70	0.80	170 589.51	22.78
余热锅炉	39 688.37	5.30	39 663.81	8.10
蒸汽管道	15 056.02	2.01	12 505.58	1.67
凝汽器	256 102.33	34.20	73 086.51	9.76
系统做功	431 999.80	57.69	431 999.80	57.69
总损失	316 837.40	42.31	316 837.41	42.31

对于整个燃气蒸汽联合循环热电联产系统，燃烧室㶲损失远远大于其他部分，是系统节能优化的关键部分。虽然变工况下凝汽器㶲效率变化较大，但其㶲损失占机组㶲损失比例极小，对机组㶲效率的影响可以忽略；随着燃气轮机负荷的上升，燃烧室㶲效率显著提高，机组㶲效率也随之增大，表明高负荷运行对系统节能有利；随着环境温度的上升，燃气轮机㶲损失显著增大，但由于其占机组㶲损失比例不高，因此即使其㶲效率显著降低，机组㶲效率也只是稍有降低；不管是负荷还是环境温度变化，机组㶲效率的变化趋势都取决于燃气轮机㶲效率的变化，因此系统效率的变化主要集中在燃气轮机侧；机组㶲效率随供热抽汽量的增大而增大，表明联合循环机组热电联产可有效提高机组运行的经济性。

由上述分析可知，热量法只能表明能量的数量转换结果，不能揭示能量损失的本质原因；而㶲方法可以确切揭示能量损失的位置、数量及其损失的本质原因，考虑了能量品位的区别。

本章参考文献

[1] 黄树红. 汽轮机原理[M]. 北京:中国电力出版社,2008.

[2] 武学素. 热电联产[M]. 西安:西安交通大学出版社,1988.

[3] 林振娴,杨勇平,何坚忍. 热网加热器在热电联产系统中的全工况分析[J]. 中国电机工程学报,2010,30(23):14-18.

[4] ATĂNĂSOAE P,PENTIUC R D,POPESCU P, et al. Factors which influence the qualification of the electricity preproduction in high efficiency cogeneration for

biomass combined heat and power plants [J]. Procedia Manufacturing, 2018, 22:651-658.

[5] LIDDLE B, SABORSKY P. How much does increasing nonfossil fuels in electricity generation reduce carbon dioxide emissions[J]. Applied Energy, 2017,197:212-221.

[6] ZAPPA W, JUNGINGER M, MACHTELD V D B. Is a 100% renewable European power system feasible by 2050? [J]. Applied Energy, 2019, 233-234:1027-1050.

[7] ISA N M, TAN C W, YATIM A H M. A comprehensive review of cogeneration system in a microgrid: A perspective from architecture and operating system[J]. Renewable and Sustainable Energy Reviews, 2018, 81:2236-2263.

[8] 江亿,付林. 对热电联产能耗分摊方式的一点建议[J]. 中国能源,2016,38(3):5-8,32.

[9] 张知足,张卫义,刘阿珍,等. 热电联产应用技术国内外研究现状[J]. 北京石油化工学院学报,2020,28(2):29-39.

[10] GUELPA E, VERDA V. Thermal energy storage in district heating and cooling systems: A review [J]. Applied Energy, 2019, 252:113474.

[11] URIS M, LINARES J I, ARENAS E. Techno-economic feasibility assessment of a biomass cogeneration plant based on an organic Rankine Cycle[J]. Renewable Energy, 2014, 66:707-713.

[12] LBBERDING L, MADLENER R. System cost uncertainty of micro fuel cell cogeneration and storage[J]. Energy Procedia, 2017, 142:2824-2830.

[13] KALINA J. Options for using solid oxide fuel cell technology in complex integrated biomassgasification cogeneration plants [J]. Biomass and Bioenergy, 2019, 122:400-413.

[14] 刘志真. 热电联产[M]. 北京:中国电力出版社,2006.

[15] 孙延海. 世界热电联产发展趋势[J]. 电力设备,2004,5(7):31-33.

[16] 忻祎. 燃气—蒸汽联合循环电厂热电联产的优化配置[D]. 上海:上海交通大学,2007.

[17] 王振铭,郁刚. 我国热电联产的现状、前景与建议[J]. 中国电力,2003,36(9):43-49.

[18] 邬韶萍,林奇峰,伍成和. 热电联产技术和分布式能源站技术的现状与发展

[J]. 中国新技术新产品,2009(13):127-128.
[19] 王振铭. 我国热电联产的新发展[J]. 电力技术经济,2007,19(2):47-49.
[20] 李一凡. 2018年热电联产行业市场规模与发展前景分析装机规模大增[EB/OL]. (2019-01-28) [2019-08-31]. https://www.qianzhan.com/analyst/detail/220/190124-5834bb22.html.
[21] 梁秀英,刘猛,陈海红.《节能评估技术导则 热电联产项目》国家标准介绍[J]. 标准科学,2017(9):91-94.
[22] 陈瑜. 火电厂热电联产系统节能探讨[J]. 山东工业技术,2018(20):212.
[23] 吴永新,狄耀军,姚留锁. 关于生活垃圾焚烧热电联产及区域集中供热的探索与实践[J]. 环境与发展,2018,30(5):230-231,233.
[24] CELEBI A D, SHARMA S, ENSINAS A V, et al. Next generation co-generation system for industry-Combined heat and fuel plant using biomass resources [J]. Chemical Engineering Science, 2019, 204:59-75.
[25] 张伊甸,许佳欢,吴科. 太阳能与热电联产互补的供热系统的研究[J]. 科技风,2015(12):27.
[26] ALLOUHI A. Advances on solar thermal cogeneration processes based on thermoelectric devices: A review [J]. Solar Energy Materials and Solar Cells, 2019, 200:109954.
[27] TOMOFUJI D, MORIMOTO Y, SUGIURA E, et al. The prospects of the expanded diffusion of cogeneration to 2030- Study on new value in co-generation[J]. Applied Thermal Engineering, 2017, 114:1403-1413.
[28] 于雷. 浅谈热电联产供热源的优化[J]. 居舍,2018(23):256.
[29] 任洪波,吴琼,杨秀,等. 日本分布式热电联产系统发展动态及启示[J]. 中国电力,2015,48(7):108-114.
[30] 吴彦廷,尹顺永,付林,等. "热电协同"提升热电联产灵活性[J]. 区域供热,2018(1):32-38.
[31] 王振铭. 中国热电联产的现状与市场潜力[J]. 热电技术,2000(1):4-7.
[32] 王振铭. 我国热电联产的现状与发展[J]. 中国电力,1999,32(10):66-69.
[33] 王振铭. 中国热电联产与分布式能源的新发展[J]. 沈阳工程学院学报(自然科学版),2006,2(1):1-5.
[34] 谢争先,陈建国,张春玲,等. 热电联产分摊方法的探讨与分析[J]. 东北电力技术,2017,38(3):32-34,38.
[35] 江哲生. 中国洁净煤发电技术的展望[J]. 山西能源与节能,1997(4):8-15.

[36] TANUMA T. Advances in steam turbines for modern power plants[M]. 2nd ed. Sawston, Cambridge:Woodhead Publishing,2022.

[37] 《世界燃气轮机手册》编委会. 世界燃气轮机手册[M]. 北京:航空工业出版社,2011.

[38] 焦树建. 燃气－蒸汽联合循环[M]. 北京:机械工业出版社,2000.

[39] DECHAMPS P J, PIRARD N, MATHIEU P. Part-load operation of combined cycle plants with and without supplementary firing [J]. Journal of Engineering for Gas Turbines & Power,1995,117(3):475-483.

[40] 马文通. 燃气轮机及燃气－蒸汽联合循环在部分工况下的仿真研究[D]. 上海:上海交通大学,2009.

[41] BINGGEN L, GONGQIN Z, SUFANG Z. Local CHP industry: Path to energy conservation and emission reduction [J]. Electricity,2012,23(3):50-54.

[42] 郑云之. 国外大型燃气轮机及联合循环[J]. 上海汽轮机,2000(1):41-50,54.

[43] 孙培锋,蒋志强. 燃气轮机在热电联产工程中的应用状况分析[J]. 能源研究与信息,2013,29(1):6-10.

[44] MU J X, REES D, LIU G P. Adavnced controller design for aircraft gas turbine engines [J]. Control Engineering Practice,2005,13(8):1001-1015.

[45] CHIRAS N, EVANS C, REES D. Nonlinear gas turbine modeling using NARMAX structures [J]. IEEE Transactions on Instrumentation & Measurement,2002,50(4):893-898.

[46] 杨松鹤. GE公司重型燃气轮机系列发展分析[J]. 燃气轮机技术,2000,13(1):24-27.

[47] BOYCE M P. Gas turbine engineering handbook[M]. 4th ed. Oxford:Elsevier,2012.

[48] 何洁. 燃气－蒸汽联合循环机组热电联产多维运行方式研究[D]. 北京:华北电力大学,2019.

[49] 黄新元. 热力发电厂课程设计[M]. 北京:中国电力出版社,2004.

[50] 付忠广,王霄楠,卢可,等. 燃气预热温度对燃气－蒸汽联合循环性能影响[J]. 热力发电,2016,45(10):16-22.

[51] 王加勇,仁杰,陈文和. 燃气－蒸汽联合循环机组能耗分摊方法研究[J]. 电

力与能源,2016,37(4):486-488.
[52] 何青,罗宁. 燃气蒸汽联合循环热电联产机组热经济性分析[J]. 热力发电,2018,47(5):49-56.
[53] 李元媛,袁晶,杨勇平. 太阳能燃气联合循环系统集成优化研究[J]. 工程热物理学报,2014,35(12):2348-2352.

第 3 章 城市集中供热与供冷

3.1 集中供热系统热负荷及其概算方法

根据热用户的不同，集中供热系统的热负荷一般包括供暖、通风、空调、热水供应和生产工艺热负荷。这些供热系统热负荷的数值大小及其特性是供热系统设计的重要依据，所以准确地设计计算供热系统热负荷十分重要。

供热系统的热负荷可以分为季节性热负荷和常年性热负荷。季节性热负荷是一年中某些季节需求的，其大小与气象条件如室外空气温度、风向、风速、太阳辐射、空气湿度等因素有关，其主要的影响因素就是室外温度。

常年性热负荷包括热水供应和生产工艺系统用热负荷。这类热负荷的大小与气候条件关联度不大，且在全年中变化波动幅度很小，用热量也较稳定。但常年性热负荷的用热情况与生产安排计划和生产工艺以及用热人数和用热时间等因素紧密关联，且在一天内的变化幅度较大。所以，在进行供热系统设计时，准确地收集分析不同用户的用热需求和用热负荷特性，是后期提供准确的热负荷计算结果的重要保障。

对集中供热系统进行初步设计时，还没有对建筑内部房间具体功能进行详细设计，所以这个阶段通常采用概算方法来计算各类热负荷。

3.1.1 供暖设计热负荷

从目前我国集中供热的应用现状来看，供暖设计热负荷是城市集中供热系统最重要的热负荷。使建筑物获得热量并保持一定温度，以达到适宜的生活条件或工作条件的热负荷称为供暖设计热负荷。供暖设计热负荷一般可以采用供暖体积热指标法和供暖面积热指标法等方法进行概算。

(1) 供暖体积热指标法。

采用供暖体积热指标法计算建筑物的供暖设计热负荷时，用下式进行概算：

$$Q'_n = q_v V(t_n - t'_w) \tag{3.1}$$

式中，Q'_n 为供暖设计热负荷，W；q_v 为建筑物的供暖体积热指标，W/(m³·℃)；V 为建筑物的外围体积，m³；t_n、t'_w 分别为供暖室内计算温度和供暖室外计算温度，℃；

q_v 的大小主要与建筑物的围护结构及外形、房间用途及内部得热及散热大小等因素有一定关系。从建筑物围护结构及外形方面考虑降低 q_v 的各种措施,可以降低集中供热系统供暖的热负荷,也是建筑节能的重要措施。

(2) 供暖面积热指标法。

采用供暖面积热指标法计算建筑物的供暖热负荷时,可以采用下式计算:

$$Q'_n = q_f F \tag{3.2}$$

式中,q_f 为建筑物的供暖面积热指标,表示每 $1\ m^2$ 建筑面积的供暖设计热负荷,W/m^2;F 为建筑物的建筑面积,m^2;

建筑物的供暖热负荷主要取决于通过外围护结构(外墙、门、窗等)向外界传递的热量,其与建筑物平面尺寸及层高有关,因而不是直接取决于建筑平面面积。采用供暖面积热指标法比供暖体积热指标法更易于概算,因此在集中供热系统设计过程中,通常采用供暖面积热指标法进行供暖设计热负荷概算。

3.1.2 通风热负荷

在供暖季节,加热从机械通风系统进入建筑物的室外空气所消耗的热量,称为通风热负荷。由于通风系统的使用和各班次工作情况不同,一般公共建筑和工业厂房的通风热负荷在昼夜间波动较大。建筑物的通风热负荷可采用通风体积热指标进行概算。

采用通风体积热指标法计算建筑物的通风热负荷:

$$Q'_t = q_t V (t_n - t'_{w,t}) \tag{3.3}$$

式中,Q'_t 为建筑物的通风热负荷,W;q_t 为建筑物的通风体积热指标,$W/(m^3 \cdot ℃)$;$t'_{w,t}$ 为通风室外计算温度,℃;

q_t 取决于建筑物的性质和外围体积。工业厂房的通风体积热指标 q_t 可参考有关设计手册选用。一般民用建筑中,由于供热设计热负荷计算时已经包含从门窗进入的冷风渗透和侵入耗热量,所以这里不再另行计算。

3.1.3 空调热负荷

在冬季,为了保证室内温度、湿度、洁净度和气流速度等参数,需要由空调设备向室内提供的热量,称为空调热负荷。

空调热负荷可根据下式计算:

$$Q_a = q_a A_a \times 10^{-3} \tag{3.4}$$

式中,Q_a 为空调热负荷,kW;q_a 为空调热指标,W/m^2;A_a 为空调建筑物的建筑面积,m^2。

当缺少计算空调热负荷的详细数据时,可用面积热指标法进行概算。空调热指标推荐值参考表 3.1。

表 3.1　空调热指标推荐值　　　　　　　　　　单位：W/m²

建筑物类型	办公室	医院	旅店宾馆	商店展览馆	影剧院
热指标 q_a	80～100	90～120	90～120	100～120	115～140

注：① 表中数值适用于我国东北、华北、西北地区。
　② 寒冷地区空调热指标取较小值，严寒地区空调热指标取较大值。

3.1.4　年耗热量计算

（1）供暖年耗热量。

供暖年耗热量可按下式计算：

$$Q_n^a = 0.0864 N Q_n' \frac{t_n - t_{w,pj}}{t_n - t_w'} \tag{3.5}$$

式中，Q_n^a 为供暖年耗热量，GJ；N 为供暖期天数；Q_n' 为供暖设计热负荷，kW；t_n 为供暖室内计算温度，℃；$t_{w,pj}$ 为供暖期平均室外温度，℃；t_w' 为供暖室外计算温度，℃。

（2）供暖期通风耗热量。

供暖期通风耗热量可按下式计算：

$$Q_t^a = 0.0036 T_t N Q_t' \frac{t_n - t_{w,pj}}{t_n - t_{w,t}'} \tag{3.6}$$

式中，Q_t^a 为供暖期通风耗热量，GJ；T_t 为供暖期内通风装置每日平均运行小时数，h；Q_t' 为通风设计热负荷，kW；$t_{w,t}'$ 为冬季通风室外计算温度，℃；

利用式（3.6）计算通风年耗热量，采用的是整个供暖期的室外平均温度 $t_{w,pj}$，而通风热负荷在室外温度等于和低于冬季通风室外计算温度时保持不变，因此计算出的通风年耗热量偏大。

（3）空调采暖耗热量。

空调采暖的耗热量可按下式计算：

$$Q_k^a = 0.0036 T_k N Q_k' \frac{t_n - t_{w,pj}}{t_n - t_{w,k}'} \tag{3.7}$$

式中，Q_k^a 为空调供暖耗热量，GJ；T_k 为供暖期内空调装置每日平均运行小时数，h；Q_k' 为空调冬季设计热负荷，kW；$t_{w,k}'$ 为冬季空调室外计算温度，℃；

3.2　供热系统的类型

供热系统按热源、热媒等，可分为多种类型。如按热媒不同可分为热水供热系统和蒸汽供热系统，这两类系统分别用热水和蒸汽向热用户供热；按照热用户与管网的连接方式和利用方式不同可分为直接连接供热系统和间接连接供热系统。

3.2.1 直接连接、间接连接供热系统

直接连接是由热源供出的热媒携带热量直接进入热用户的连接方式。直接连接方式可以分为三种：①无混合装置的直接连接（图3.1(a)）；②装水喷射的直接连接（图3.1(b)）；③装混合水泵的直接连接（图3.1(c)）。直接连接方式一般热用户入口设备简单，适用于中小型供热系统。在用户数量大、热负荷类型多的情况下，该连接方式的调节比较困难，热媒的损耗率不易监测；当供热系统的供回水温差较小时，管径较大，初投资较高。

间接连接（图3.1(d)）就是热源高温热媒通过间壁式换热器传热给低温热媒，由低温热媒给热用户供热。在相同的热负荷下，间接连接换热站可以采用大供回水温差，供热管网管径小；同时一个换热站可能向几个甚至几十个热用户供热，因此在热源处进行集中调节比较方便；热媒损耗率小。但是间接连接供热系统要增加换热站，系统较复杂，造价高，主要适用于大中型供热系统。双管制供热系统与用户连接示意图如图3.1所示。

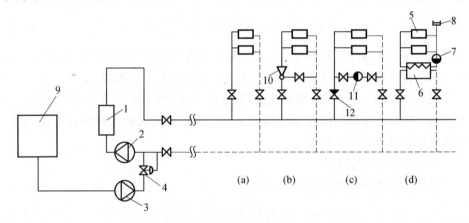

图3.1 双管制供热系统与用户连接示意图
1—热源；2—外网循环水泵；3—补给水泵；4—补给水压力调节器；5—供暖热用户；6—水-水换热器；7—供暖热用户系统的循环水泵；8—膨胀水箱；9—补给水箱；10—水喷射器；11—混合水泵；12—止回阀

3.2.2 闭式、开式热水供热系统

热水供热系统是以热水作为热媒输送到热用户的供热系统。热水供热系统主要应用于供暖、通风和热水供应等热用户。根据热媒是否被取出来使用，热水

供热系统分为开式热水供热系统和闭式热水供热系统。

当热水供应热用户部分或全部地将热网中的水取出使用时,称为开式热水供热系统(开式系统),如图 3.2 所示。开式系统中供热管网的水不仅作为热媒供热,而且被热用户使用。因此开式系统中供水管比回水管流量大。开式系统中热用户热力入口设备简单,造价低;输送能耗少;用户热水供应管道腐蚀程度轻。但开式系统热源补水量大、水处理费用高;系统漏水监控难;热水供应系统和供暖系统共用供水管,非供暖期供暖系统不运行,污物在散热设备中沉积,供暖期污物随水流入热水供应系统管路中,影响热水供应的水质;由于流量不断变化,系统的水力工况不稳定,运行调节较复杂。

热水供应用户与热网的连接方式有三种,分别为无储水箱的连接方式、设上部储水箱的连接方式、与上水混合的连接方式。

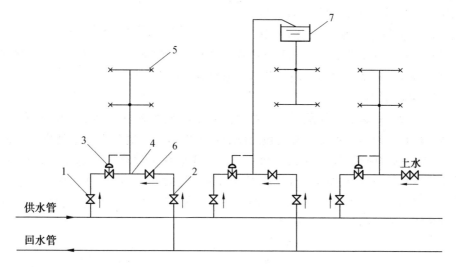

(a) 无储水箱的连接方式　　(b) 设上部储水箱的连接方式　　(c) 与上水混合的连接方式

图 3.2　开式热水供热系统

1、2—进水阀门;3—温度调节器;4—混合三通;5—用水点;6—止回阀;7—上部储水箱

闭式热水供热系统(闭式系统)热水供应用户不从管网取水,热源补水量少,运行费用低,系统漏水便于监测,热水供应用户的水质易于保证。但闭式系统的热力入口要增加换热设备,回水管管径要大一些,因此比开式系统投资高;当有热水供应负荷,给水碳酸盐硬度又较高时,换热器和用户管道易结垢;热水供应系统不除气,设备易腐蚀;增加热水供应换热器后,用户系统的运行管理要复杂一些。

3.2.3 热水供热系统的供热管网形式

根据热水供热系统管网平面的形状,供热管网可分为枝状管网和环状管网两种。

(1) 枝状管网。

热水供热系统枝状管网示意图如图3.3所示。枝状管网布置形式简单,管材消耗量少,初投资少,运行管理简便。但因枝状管网热媒输送的顺序是由热源经主干线、分支干线和用户支线到达各用户,当热网前端发生故障时,故障点以后的热用户都将停止供热。因此,枝状

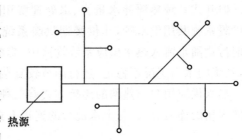

图3.3 枝状管网示意图

管网不具有后备供热能力。但因枝状管网具有上述的优点,目前在国内,枝状管网仍是热水供热系统供热管网最普遍的布置方式。

(2) 环状管网。

热水管网的输配干线呈环状布置则称为环状管网,环状管网示意图如图3.4所示。环状管网的优点是具有较强的供热后备能力。当输配干线某处出现事故时,可以切除故障段,通过环状管网从另一个方向保证供热。但是,环状管网和枝状管网相比,初投资更多,运行管理更为复杂,热网需要设置自动化程度较高的自动控制系统。因此,国内较少采用环状管网,其只应用于一些大型的、对供热后备能力要求高的热水供热系统。

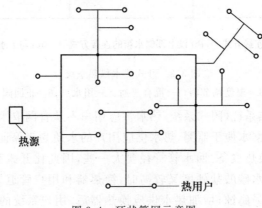

图3.4 环状管网示意图

3.2.4 蒸汽供热系统的热网形式

目前蒸汽供热系统主要服务于生产工艺用热或大型公共建筑用热。热网形式根据热用户的需求一般多采用枝状管网布置方式。蒸汽供热系统布置按不同需求的管道数目分为单管制、双管制和多管制等。因用汽设备相对集中且数量不多,所以单根蒸汽管和单根凝水管的双管制蒸汽供热系统是应用最普遍的形式。

(1)单管制蒸汽供热系统。

蒸汽供热系统只设一根蒸汽管道向用户供热,不设凝结水管道,这种蒸汽供热系统称为单管制蒸汽供热系统。热源生产的蒸汽由供热管道送入各个热用户,由于凝结水质量不符合回收要求或凝结水回收率很低,集中回收凝结水在经济上不合理,因此不设凝结水管道。可以考虑在热用户处利用凝结水的热量。单管制蒸汽供热系统不回收凝结水,经济性差,一般用于用汽量小、凝结水不利于回收的场合。

(2)双管制蒸汽供热系统。

蒸汽供热系统设有单根供热管的同时设有单根凝结水管,这种蒸汽供热系统称为双管制蒸汽供热系统。在双管制蒸汽供热系统中,蒸汽由单根供汽管送入各个热用户,凝结水经凝结水系统返回热源中心。双管制蒸汽供热系统能集中回收凝结水,充分利用凝结水的热量和水量,经济性好,是目前应用最广的蒸汽供热系统。

(3)多管制蒸汽供热系统。

由不同蒸汽压力的多根蒸汽管和单根凝结水管组成的蒸汽供热系统称为多管制蒸汽供热系统。设多根不同压力的蒸汽管是为了满足多种热用户对供气压力的不同要求,每根蒸汽管内蒸汽热力参数差异较大,无法用一根供热管供汽,凝结水可统一返回到凝结水箱,由凝结水泵送回热源。多管制蒸汽供热系统适用于多种热用户对蒸汽参数要求不同、差异较大的场合,目前工业用户应用较多,民用建筑应用较少。

3.3 供热管网的水力计算

3.3.1 热水供热管网水力计算

(1)热水供热管网水力计算的主要任务。

①根据已知的热媒流量和允许压力降,确定管道的直径。

②根据已知的热媒流量和管道直径,计算管道的压力损失。

③根据已知的管道直径和允许压力损失,计算或校核管道中的流量。

④根据管网水力计算结果,确定管网循环水泵的流量和扬程。

在水力计算的基础上绘出水压图,确定管网与用户的连接方式,选择管网和用户的自控措施,并进一步对管网热媒的流量和压力状况进行分析,从而掌握管网中热媒流动的变化规律。

(2)热水管网水力计算公式。

①热水管网的沿程损失。每米管长的沿程损失(比摩阻)R_m可按下式计算:

$$R_m = 6.25 \times 10^{-2} \times \frac{\lambda}{\rho} \times \frac{G_t^2}{d^5} \tag{3.8}$$

式中,R_m为比摩阻,Pa/m;G_t为管段的水流量,t/h;d为管段的内径,m;ρ为水的密度,kg/m³;λ为管段的摩擦阻力系数。

热水管网的水流速度大于0.5 m/s,它的流动状况大多处于阻力平方区,其摩擦阻力系数为

$$\lambda = \left(1.44 + 2\lg\frac{d}{K}\right)^{-2} \tag{3.9}$$

对于管径$d \geqslant 40$ mm的管道,也可用下式计算:

$$\lambda = 0.11\left(\frac{K}{d}\right)^{0.25} \tag{3.10}$$

将式(3.10)代入式(3.8)中,可得R_m、G_t及d三者的关系为

$$R_m = 6.88 \times 10^{-3} K^{0.25} \frac{G_t^2}{\rho d^{5.25}} \tag{3.11}$$

式中,K为管壁的当量绝对粗糙度,mm;对热水管网,取$K = 0.5$ mm。

在设计工作中,为简化计算,可以将R_m、G_t、d三者的关系按式(3.11)编制成水力计算表,供设计时使用。

② 热水供热管网局部损失。热水供热管网局部损失,可按下式计算为

$$\Delta p_j = \sum \zeta \frac{\rho v^2}{2} \tag{3.12}$$

在热水供热管网计算中,常采用当量长度法,即将管段的局部损失折合成相当长度管段的沿程损失来计算。局部损失的当量长度l_d可用下式求出:

$$l_d = \sum \zeta \frac{d}{\lambda} = 9.1 \times \frac{d^{1.25}}{K^{0.25}} \sum \zeta \tag{3.13}$$

式中,$\sum \zeta$为管段的总局部阻力系数;d为管道的内径,m;λ为管道内壁的摩擦阻力系数;K为管道的当量绝对粗糙度,mm。

③ 热水供热管网中管段的总压降。当采用当量长度法进行水力计算时,热水供热管网中管段的总压降为

$$\Delta p = R_{\mathrm{m}}(l + l_{\mathrm{d}}) = R_{\mathrm{m}} l_{\mathrm{zh}} \tag{3.14}$$

式中，l_{zh} 为管段的折算长度，m。

热网资用比摩阻估算式为

$$R_{\mathrm{m}} = \frac{\Delta p}{l(1 + \alpha_{\mathrm{j}})} \tag{3.15}$$

(3) 热水供热管网水力计算的方法及步骤。

在进行热水供热管网水力计算之前，首先应按比例绘制管网平面布置图，图中标明热源位置、管道上所有的附件和配件、每个计算管段的热负荷及长度等。

热水供热管网水力计算的方法及步骤如下：

① 确定热水管网中各管段的计算流量，管段的计算流量为该管段所负担的各个用户的计算流量之和，以此计算流量确定管段的管径和压力损失。

② 确定热水管网的主干线及其沿程比摩阻。管网中平均比摩阻最小的一条管线称为主干线(最不利环路)，一般是从热源到最远用户的管线。水力计算从主干线开始。

③ 根据管网主干线各管段的计算流量和初步选用的平均比摩阻 R_{m} 值，利用室外热水管道水力计算表确定主干线各管段的标准管径和相应的实际比摩阻。

④ 根据选用的标准管径和管段中局部阻力形式，由局部阻力当量长度表查出各管段局部阻力的当量长度 l_{d}，并求出各管段的折算长度 l_{zh}。

⑤ 根据管段的折算长度 l_{zh} 和实际比摩阻，计算出各管段的压力损失及主干线总压降。

⑥ 主干线水力计算完成后，进行热水管网支干线、支线的水力计算。按支干线、支线的资用压力确定它们的管径。

(4) 热水管网水力计算例题。

【例 3.1】 某工厂区热水供热系统，其管网平面布置图(各管段的长度、阀门及方形偿器的布置)如图 3.5 所示。管网设计供水温度 $t_1' = 130\ ℃$，设计回水温度 $t_2' = 70\ ℃$。用户 e、f、d 的设计热负荷 Q_{n}' 分别为 3.518 GJ/h、2.513 GJ/h 和 5.025 GJ/h。热用户内部的阻力损失为 $\Delta p_{\mathrm{n}} = 5 \times 10^4$ Pa。试进行该热水管网的水力计算。

解 ① 确定各用户的设计流量 G_{n}'。

对热用户 e，求设计流量 G_{n}'：

$$G_{\mathrm{n}}' = A\frac{Q_{\mathrm{n}}'}{t_1' - t_2'} = 238.8 \times \frac{3.518}{130 - 70} = 14(\mathrm{t/h})$$

其他用户和各管段的设计流量计算方法同上。将各管段的设计流量列入表 3.2 中，并将已知各管段的长度也列入表 3.2 中。

② 热水管网主干线计算。

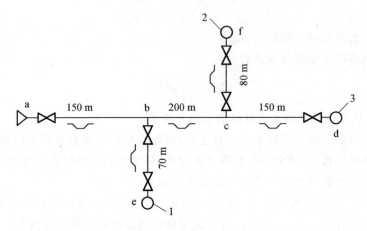

图 3.5　例 3.1 图

因各用户内部的阻力损失相等,所以从热源到最远用户 d 的管线是主干线。

首先取主干线的平均比摩阻在 $R_m=40\sim80$ Pa/m 范围内,确定主干线各管段的管径。

管段 ab:计算流量 $G'_n=14+10+20=44$(t/h)。

根据管段 ab 的计算流量和 R_m 值的范围,由室外热水管道水力计算表可确定管段 ab 的管径和相应的比摩阻 R_m 值,即

$$d=150 \text{ mm}, \quad R_m=44.8 \text{ Pa/m}$$

管段 ab 中局部阻力的当量长度 l_d 可由室外热水管道附件局部阻力当量长度表查出,得:

闸阀阻力当量长度

$$1\times2.24=2.24(\text{m})$$

方形补偿器阻力当量长度

$$3\times15.4=46.2(\text{m})$$

局部阻力当量长度之和

$$l_d=2.24+46.2=48.44(\text{m})$$

管段 ab 的折算长度

$$l_{zh}=150+48.44=198.44(\text{m})$$

管段 ab 的压力损失

$$\Delta p=R_m l_{zh}=44.8\times198.44=8\,890(\text{Pa})$$

同理,可计算主干线的其余管段 bc、cd,确定其管径和压力损失。计算结果列入表 3.2 中。

管段 bc 和 cd 的局部阻力当量长度 l_d 的值如下:

表 3.2 水力计算表

管段编号	计算流量 G' /(t·h^{-1})	管段长度 l/m	局部阻力当量长度之和 l_d/m	折算长度 l_{zh}/m	公称直径 d/mm	流速 v/(m·s^{-1})	比摩阻 R_m/(Pa·m^{-1})	管段的压力损失 Δp/Pa
				主干线				
ab	44	150	48.44	198.44	150	0.74	44.8	8 890
bc	30	200	42.34	242.34	125	0.73	54.6	13 232
cd	14	150	34.68	184.68	100	0.76	79.2	14 627
				支线				
be	14	70	18.6	88.6	70	1.09	278.5	24 675
cf	10	80	18.6	98.6	70	0.77	142.2	14 021

③ 支线计算。

管段 be 的资用压差为
$$\Delta p_{be} = \Delta p_{bc} + \Delta p_{cd} = 13\,232 + 14\,627 = 27\,859 (\text{Pa})$$

设局部损失与沿程损失的估算比值 $\alpha_j = 0.6$,则比摩阻大致可控为
$$R' = \Delta p_{be}/[l_{be}(1+\alpha_j)]$$
$$= 27\,859/[70 \times (1+0.6)] = 249(\text{Pa/m})$$

根据 R' 和 $G'_{be} = 14\text{t/h}$,由室外热水管道水力计算表得出:
$$d_{be} = 70 \text{ mm}, \quad R_{be} = 278.5 \text{ Pa/m}, \quad v = 1.09 \text{ m/s}$$

管段 be 中局部阻力的当量长度 l_d,查室外热水管道附件局部阻力当量长度表得:

三通分流阻力当量长度
$$1 \times 3.0 = 3.0(\text{m})$$

方形补偿器阻力当量长度
$$2 \times 6.8 = 13.6(\text{m})$$

闸阀阻力当量长度
$$2 \times 1.0 = 2.0(\text{m})$$

总当量长度
$$l_d = 3.0 + 13.6 + 2.0 = 18.6(\text{m})$$

管段 be 的折算长度
$$l_{zh} = 70 + 18.6 = 88.6(\text{m})$$

管段 be 的压力损失
$$\Delta p_{be} = R_m l_{zh} = 278.5 \times 88.6 = 24\,675(\text{Pa})$$

用同样方法计算支管 cf,计算结果见表 3.2。

④ 计算系统总压力损失。
$$\sum \Delta p = \Delta p_{ad} + \Delta p_n = 8\,890 + 13\,232 + 14\,627 + 5 \times 10^4 = 86\,749(\text{Pa})$$

3.3.2 蒸汽管网水力计算

蒸汽管网水力计算的任务,是在保证各热用户要求的蒸汽流量和用汽参数的前提下,选定蒸汽管网各管段管径。

室外蒸汽管道内,蒸汽压力高、流速大,管线长,蒸汽在流动过程中因压力损失和管壁沿途散热引起的蒸汽密度的变化已不能忽略。在设计中,为简化计算,蒸汽管道采用分段取蒸汽平均密度进行水力计算的方法,即取计算管段的始点和终点蒸汽密度的平均值作为该计算管段蒸汽的计算密度,逐段进行水力计算。

(1) 蒸汽供热管网水力计算方法。

① 沿程损失计算。在计算蒸汽管道的沿程压力损失时,比摩阻 R_m、流量 G_t 及管径 d 三者的关系式与热水管网水力计算的基本公式完全相同,即

$$R_\mathrm{m} = 6.88 \times 10^{-3} K^{0.25} \frac{G_\mathrm{t}^2}{\rho d^{5.25}} \tag{3.16}$$

式中,R_m 为每米管长的沿程压力损失(比摩阻),Pa/m;G_t 为管段的蒸汽质量流量,t/h;d 为管道的内径,m;K 为蒸汽管道的当量绝对粗糙度,mm,取 $K = 0.2$ mm;ρ 为管段中蒸汽的密度,kg/m³。

在设计中为了简化蒸汽管道水力计算,通常也利用水力计算表进行计算,制表条件是蒸汽密度 $\rho = 1$ kg/m³,$K = 0.2$ mm。

设计计算中,若蒸汽管道的当量绝对粗糙度 K 与计算值不同,必须对比摩阻进行修正,修正方法与热水管网相同。

水力计算时,对密度进行修正的公式为

$$v_\mathrm{sh} = \frac{\rho_\mathrm{bi}}{\rho_\mathrm{sh}} v_\mathrm{bi} \tag{3.17}$$

$$R_\mathrm{sh} = \frac{\rho_\mathrm{bi}}{\rho_\mathrm{sh}} R_\mathrm{bi} \tag{3.18}$$

式中,ρ_bi 为蒸汽密度;R_bi 为在水力计算表中查出的比摩阻,Pa/m;v_bi 为在水力计算表中查出的流速,m/s;ρ_sh 为水力计算中蒸汽的实际密度,kg/m³;R_sh 为实际 ρ_sh 条件下的实际比摩阻,Pa/m;v_sh 为实际 ρ_sh 条件下的实际流速,m/s。

在水力计算中,如欲保持计算表中的质量流量 G_t 和比摩阻 R_m 不变,当蒸汽密度不是 ρ_bi 而是 ρ_sh 时,对管径进行如下修正:

$$d_\mathrm{sh} = \left(\frac{\rho_\mathrm{bi}}{\rho_\mathrm{sh}}\right)^{0.19} d_\mathrm{bi} \tag{3.19}$$

式中,d_bi 为根据水力计算表的 ρ_bi 条件下查出的管径值;d_sh 为实际密度 ρ_sh 条件下的管径值。

② 局部损失计算。局部损失常采用当量长度法进行计算,室外蒸汽管网系统管道附件如弯头、阀门、三通等阻力系数可以参考相关设计手册或规范中的阻力系数表。

③ 蒸汽在管道内的最大允许设计流速。按《城镇供热管网设计标准》(CJJ/T 34—2022),蒸汽在管道内的最大允许设计流速应符合下列规定:

a. 过热蒸汽。公称直径 DN > 200 mm 时,最大允许流速为 80 m/s;公称直径 DN ≤ 200 mm 时,最大允许流速为 50 m/s。

b. 饱和蒸汽。公称直径 DN > 200 mm 时,最大允许流速为 60 m/s;公称直径 DN ≤ 200 mm 时,最大允许流速为 35 m/s。

为了保证热网正常运行,在计算中,通常根据经验限制蒸汽流速为表 3.3 中

的值。

表 3.3 限制蒸汽流速表

蒸汽性质	管径/mm		
	<100	100~200	>200
饱和蒸汽流速/(m·s^{-1})	15~30	25~35	30~40
过热蒸汽流速/(m·s^{-1})	20~30	30~50	40~60

(2) 蒸汽供热管网水力计算步骤与例题。

蒸汽供热管网水力计算的具体方法和步骤与室外热水管网水力计算基本相同。下面通过例题说明蒸汽供热管网水力计算的方法和步骤。

【例 3.2】 如图 3.6 所示,试进行蒸汽供热管网水力计算。已知热源压力为 1 MPa 的饱和蒸汽,各用户用汽参数及管网构造注于图中。

解 在进行蒸汽管网水力计算前,应绘制出室外蒸汽管网平面布置图(图 3.6),图中注明各热用户的设计热负荷(或计算流量)、蒸汽参数、各管段长度,以及阀门、补偿器等管道附件。

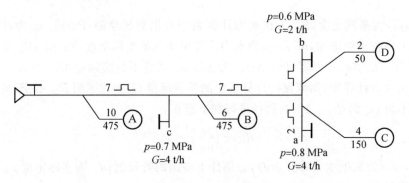

图 3.6 例 3.2 图

(1) 根据各热用户的计算流量,确定蒸汽管网各管段的计算流量。各热用户的计算流量应根据其蒸汽参数及设计热负荷按式(3.20)确定,即

$$G_t = A \frac{Q}{r} \tag{3.20}$$

式中,G_t 为热用户的计算流量,t/h;Q 为热用户的设计热负荷,GJ/h 或 MW;r 为用气压力下的汽化潜热,kJ/kg;A 为采用不同单位计算的系数,见表 3.4。

表 3.4　采用不同单位计算的系数

采用的计算单位	Q—GJ/h $= 10^9$ J/h c—kJ/(kg·℃)	Q—MW $= 10^6$ W c—kJ/(kg·℃)
A	1 000	3 600

蒸汽管网中各管段的计算流量为各管段所负担的各热用户的计算流量之和。管网干线的计算流量应等于各用户支管计算流量之和。管网主干线管段应根据具体情况用热负荷乘各热用户的同时使用系数 k,具体值见表 3.5。

表 3.5　同时使用系数 k 的具体值

热负荷性质	供暖负荷	通风负荷	生活用汽	生产工艺用汽
同时使用系数 k	1.0	0.8~1.0	0.5	0.7~0.9

(2) 确定蒸汽管网主干线及其平均比摩阻。

蒸汽管网主干线是从热源到某一用户的平均比摩阻最小的一条管线。该例题主干线为热源出口到用户 a 的管线。其平均比摩阻为

$$R_{pj} = \frac{\Delta p}{\sum l(1+\alpha_j)} = \frac{(10-8) \times 10^5}{(475+475+150) \times (1+0.5)} = 121.2 (\text{Pa/m})$$

(3) 进行主干线管段的水力计算,确定主干线管径,并求出管段总压力损失。通常从热源出口(热网始端)开始逐段计算。热源出口蒸汽压力为已知。

首先计算热源出口的管段 A。

① 假定管段 A 末端的蒸汽压力为

$$p_{m,A} = p_{s,A} - \frac{\Delta p}{\sum l} L_A$$

$$= 10 \times 10^5 - \frac{(10-8) \times 10^5}{1\,100} \times 500 = 9.09 \times 10^5 (\text{Pa})$$

② 根据始、末端蒸汽压力求出管段 A 蒸汽的平均密度 $\rho_{pj,A}$ 为

$$\rho_{pj,A} = \frac{\rho_{s,A} + \rho_{m,A}}{2} = \frac{5.63 + 5.184}{2} = 5.41 (\text{kg/m}^3)$$

③ 将 $R_{pj,A}$ 换算成水力计算表 $\rho_{bi} = 1$ kg/m³ 条件下的值,即

$$R_{pj,bi,A} = 121.2 \times \frac{5.41}{1} = 655.7 (\text{Pa/m})$$

④ 根据管段 A 的流量 $G_{t,A} = 10$ t/h 和 $R_{pj,bi,A}$ 的值。查室外蒸汽管道水力计算表可知:

管径 $D \times \delta = 194$ mm $\times 6$ mm,　$R_{bi,A} = 628.6$ Pa/m,　$v_{bi,A} = 107$ m/s

⑤ 将查得的 $R_{bi,A}$ 和 $v_{bi,A}$ 值,代入式(3.17)和式(3.18)换算成实际 $\rho_{pj,A}$ 下的

值,即

$$v_{sb,A} = 107 \times \frac{1}{5.41} = 19.78 (\text{m/s})$$

$$R_{sb,A} = 628.8 \times \frac{1}{5.41} = 116.1 (\text{Pa/m})$$

流速符合要求,没有超过限定流速。

⑥ 计算管段 A 的局部阻力当量长度。1 个截止阀,7 个方形补偿器。查室外热水管道附件局部阻力当量长度表得

$$l_{bi,d,A} = 49.3 + 16.2 \times 7 = 162.7 (\text{m})$$

管段 A 总折算长度为

$$l_{zh,A} = 500 + 162.7 = 662.7 (\text{m})$$

⑦ 管段 A 的总压力损失为

$$\Delta p_A = R_{sh,A} l_{zh,A} = 116.1 \times 662.7 = 76\ 939.4 (\text{Pa})$$

管段 A 末端压力为

$$p_{m,A} = (10 - 0.769\ 52) \times 10^5 = 9.235 \times 10^5 (\text{Pa})$$

管段 A 蒸汽平均密度为

$$\rho_{pj,A} = \frac{5.63 + 5.262}{2} = 5.446 (\text{kg/m}^3)$$

(4) 验算假定的管段末端蒸汽压力或平均蒸汽密度是否与实际的末端蒸汽压力或平均蒸汽密度近似。当两者基本相同时,该管段计算结束,开始进行下一管段的计算;否则,应重新计算,通常以计算得出的蒸汽平均密度 ρ_{pj} 作为该管段的假设蒸汽平均密度,再重复以上计算方法,直到两者相等或相差很小为止。

由计算可知,$\rho_{pj,A} = 5.446 \text{ kg/m}^3$,与原假定的 $\rho_{pj,A} = 5.41 \text{ kg/m}^3$ 相差不大,则管段 A 计算完毕。计算结果列入表 3.6 中。

(5) 主干线的总压力损失。

考虑 15% 的安全裕度后,主干线(热源出口到用户 a 处)的总压力损失为

$$10 \times 10^5 - 1.253 \times 10^5 = 8.747 \times 10^5 (\text{Pa})$$

该值高于要求值。剩余压力可在用户 a 入口处调节。

(6) 蒸汽管网分支线的水力计算,以上面计算结果得出的管段 A 末端蒸汽压力 9.235×10^5 Pa(表压力)作为管段 B 的始端蒸汽表压力,按上述计算方法和步骤进行管段 B 和其他管段的计算,计算结果列入表 3.6 中。

确定支管管径时,应尽量将资用压头消耗掉,但不得使管内蒸汽流速超过限制流速。

第 3 章 城市集中供热与供冷

表 3.6 室外高压蒸汽管网水力计算例题

管段编号	蒸汽流量 G_t /(t·h^{-1})	管段长度 L /m	假定计算				管段选择计算							检验计算		
			蒸汽始端压力 p_s/($\times 10^5$ Pa)	蒸汽末端压力 p_{sj}/($\times 10^5$ Pa)	蒸汽平均密度 ρ_{pj}/(kg·m^{-3})	平均比摩阻 $R_{pj,hi}$/(Pa·m^{-1})	管径 $D\times\delta$ /mm	比摩阻 R_{hi}/(Pa·m^{-1})	流速 v_{hi}/(m·s^{-1})	比摩阻 R_{sh}/(Pa·m^{-1})	流速 v_{sh}/(m·s^{-1})	当量长度 l_d/m	总计算长度 l_{zh}/m	管段压力损失 Δp/Pa	蒸汽始端压力 p_s/($\times 10^5$ Pa)	蒸汽末端压力 p_s/($\times 10^5$ Pa)	蒸汽平均密度 ρ_{pj}/(kg·m^{-3})
A	10	475	10	9.09	5.41 / 5.44	655.7	194×6	628.2	107	116.1 / 115.5	19.28 / 19.67	162.7	652.7	76 939.4 / 76 542	10 / 10	9.23 / 9.235	5.445 / 5.446
B	6	475	9.235	8.32	5.037 / 5.19	609.2	194×6	225.4	64.1	45.1 / 43.7	12.80 / 12.40	123.9	623.9	28 138 / 27 264	9.235 / 9.235	8.954 / 8.962	5.193 / 5.195
C	4	150	8.962	8.77	5.08 / 5.07	614.6	133×4	715.9	90.8	140.9 / 141.2	17.9 / 17.9	52.3	152.3	21 459 / 21 504	8.952 / 8.962	8.747 / 8.747	5.075 / 5.075
D	2	50	8.962	6.00	4.39 / 4.90 / 4.93	856	73×3.5	5214	105	1 187.7 / 1 064.1 / 1 057.6	23.9 / 21.4 / 21.3	22	75	89 077.5 / 79 807.5 / 79 320	8.962 / 8.962 / 8.962	8.071 / 8.164 / 8.168	4.908 / 4.93 / 4.93

注：局部阻力当量长度：7 个方形补偿器，1 个截止阀：16.2×7+49.3＝162.7(m)；7 个方形补偿器，1 个直流三通：16.2×7+10.5＝123.9(m)；2 个方形补偿器，1 个分流三通，1 个截止阀：6+4+12＝22(m)。

分支干线管段 D 计算结果见表 3.6，当选用最小管径时，流速已超过限定值，但压降仍然较小，用户 b 处压力仍比要求值高，只好使用阀门调节或装设减压装置。

3.3.3　凝结水管网水力计算

（1）凝结水回收系统。

凝结水回收系统按其是否与大气相通，可分为开式凝结水回收系统和闭式凝结水回收系统。

按凝结水流动形式不同，可分为单相凝结水满管流动（凝结水靠水泵或位能差，充满整个管道断面的有压流动）、单相凝结水非满管流动（凝结水并没有充满整个管道断面，而是汽水分层或汽水充塞，有时还有空气的流动）和蒸汽与凝结水两相混合物流动。

按驱动凝结水流动的动力不同，可分为机械回水（指利用水泵动力驱使凝结水满管有压流动）、重力回水（指利用凝结水位能差或管线坡度，驱使凝结水满管或非满管流动）和余压回水（指凝结水依靠疏水器后剩余压力的流动，可近似为汽水两相乳状混合物满管流动）。

（2）凝结水管网水力计算的基本原则。

高压蒸汽供热系统的凝结水管，根据凝结水回收系统的各部位管段内凝结水流动形式不同，水力计算方法也不同。

① 单相凝结水满管流动的凝结水管路，其流动规律与热水管路相同，水力计算公式也与热水管路相同。因此，水力计算可按热水管路的水力计算方法和图表进行。

② 汽水两相乳状混合物满管流动的凝结水管路，近似认为流体在管内的流动规律与热水管路相同。因此在计算压力损失时，采用与热水管网相同的公式，只需将乳状混合物的密度代入计算式即可。

③ 非满管流动的管路流动复杂，较难准确计算，一般不进行水力计算，而是采用根据经验和实验结果制成的管道管径选用表，直接根据热负荷查表确定管径，管径选用表见表 3.7。

表 3.7 凝结水管网非满管流动的凝结水管管径选用表

凝结水管径 /mm	形成凝结水时,由蒸汽放出的热 /kW		
	低压蒸汽		高压蒸汽
	水平管段	垂直管段	
15	4.7	7	8
20	17.5	26	29
25	33	49	45
32	79	116	93
40	120	180	128
50	250	370	230
76×3	580	875	550
89×3.5	870	1 300	815
102×4	1 280	2 000	1 220
114×4	1 630	2 420	1 570

(3) 凝结水管网水力计算方法及例题。

下面以几个凝结水回收方式不同的凝结水管网为例,分析各种凝结水管网水力计算的步骤和方法。

【例 3.3】 一闭式满管流动凝结水回收系统示意图如图 3.7 所示。用热设备的凝结水计算流量 $G_{n} = 2.0$ t/h。疏水器前凝结水表压力 $p_1 = 0.2$ MPa,疏水器后凝结水表压力 $p_2 = 0.2$ MPa,二次蒸发箱的最高蒸汽表压力 $p_3 = 0.2$ MPa,闭式凝水箱的蒸汽垫层压力 $p_4 = 5$ kPa。管段的计算长度 $l_1 = 150$ m,外网的管段长度 $l_2 = 120$ m。疏水器后凝结水的提升高度 $h_1 = 3.0$ m。二次蒸发箱下面减压水封出口与凝水箱的回形管标高差 $h_2 = 2.5$ m。试进行该凝结水管网的水力计算。

解 (1) 管段 1—2。

由用热设备出口至疏水器入口的管段。凝结水流动状态属非满管流。疏水器的布置应低于用热设备,凝结水向下沿不小于 0.005 的坡度流向疏水器。根据凝水管段所担负的热负荷,确定这种干凝水管的管径。

(2) 管段 2—3。

从疏水器出口到二次蒸发箱的凝结水管段。计算余压凝结水管段的资用压力 ΔP_1 及允许平均比摩阻 R_{pj}。

① 余压凝结水管的资用压力 Δp_1 可按下式计算:

$$\Delta p_1 = (p_2 - p_3) - h_1 \rho_n g$$
$$= (1.0 - 0.2) \times 10^5 - 3 \times 10^3 \times 9.81$$
$$= 50\ 570 (\text{Pa}) \tag{3.21}$$

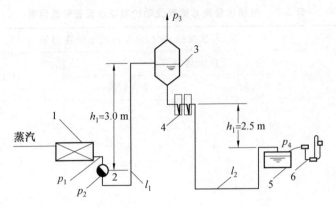

图 3.7 例 3.3 图

1— 用气设备;2— 疏水器;3— 二次蒸发箱;4— 多级水封;5— 闭式凝水箱;6— 安全水封

该管段的允许平均比摩阻 R_{pj} 为

$$R_{pj} = \frac{\Delta p_1 (1-\alpha)}{l_1}$$

$$= \frac{50\,570 \times (1-0.2)}{150} = 269.7\,(\text{Pa/m})$$

式中,α 为局部阻力与总阻力损失的比例,查设计手册得 $\alpha = 0.2$。

② 求余压凝水管中汽水混合物的密度 ρ_r。凝结水通过疏水器阀孔及凝结水管道后,由于压力降而产生二次蒸汽量 x_2。根据热平衡原理,x_2 可按下计算:

$$x_2 = \frac{h_1 - h_2}{r_3}$$

$$= 0.054 \tag{3.22}$$

式中,h_1 为疏水器前 p_1 压力下饱和凝结水的焓,kJ/kg;h_3 为在凝结水管段末端或凝水箱(或二次蒸发箱)p_3 压力下饱和凝结水的焓,kJ/kg;r_3 为在凝结水管段末端或凝水箱(或二次蒸发箱)p_3 压力下蒸汽的汽化潜热,kJ/kg。

设疏水器漏汽量为 $x_1 = 0.03$(因疏水器类型、产品质量、工作条件和管理水平而异,一般取 $0.01 \sim 0.03$),则在该余压凝结水管的二次含汽量(1 kg 汽水混合物中所含蒸汽的质量百分数)为

$$x = x_1 + x_2$$

$$= 0.03 + 0.054 = 0.084 \tag{3.23}$$

汽水混合物的密度 ρ_r 值可按式(3.24)计算,即

$$\rho_r = \frac{1}{v_r} = \frac{1}{x(v_q - v_s) + v_s}$$

$$= \frac{1}{0.084 \times (1.428\,9 - 0.001) + 0.001} = 8.27 \tag{3.24}$$

式中,v_r 为汽水乳状混合物的比体积,m³/kg;v_q 为在凝结水管段末端或凝水箱

(或二次蒸发箱)压力下的饱和蒸汽比体积,m^3/kg;v_s 为凝结水比体积,可近似取 $v_s = 0.001\ m^3/kg$。

③ 确定凝结水管管径。首先将平均比摩阻 R_{pj} 换算为与凝结水管水力计算表($\rho_{bi} = 10\ kg/m^3$)等效的允许比摩阻 $R_{bi,pj}$,即

$$R_{bi,pj} = \left(\frac{\rho_r}{\rho_{bi}}\right) R_{pj}$$
$$= \left(\frac{8.27}{10}\right) \times 269.7 = 223.04 (Pa/m)$$

根据凝结水计算流量 $G_{t1} = 2.0\ t/h$,查凝结水管水力计算表,选用管径为 89 mm×3.5 mm,相应的 R 及 v 值为 $R_{bi} = 217.5\ Pa/m$,$v_{bi} = 10.52\ m/s$。

④ 确定实际的比摩阻 R_{sh} 和流速 v_{sh} 值,即

$$R_{sh} = \left(\frac{\rho_{bi}}{\rho_r}\right) R_{bi}$$
$$= \left(\frac{10}{8.27}\right) \times 217.5 = 263 (Pa/m) < 269.7 (Pa/m)$$

$$v_{sh} = \left(\frac{\rho_{bi}}{\rho_r}\right) v_{bi}$$
$$= \left(\frac{10}{8.27}\right) \times 10.52 = 12.7 (m/s)$$

(3) 管段 3—5。

从二次蒸发箱到凝结水箱的外网凝结水管段。

① 该管段流凝结水,可利用的作用压头 Δp_2 和允许的平均比摩阻 R_{pj} 下式计算:

$$\Delta p_2 = \rho_n g(h_2 - 0.5) - p_4$$
$$= 1\ 000 \times 9.81 \times (2.5 - 0.5) - 5\ 000 = 14\ 620 (Pa/m) \quad (3.25)$$

式中,0.5 m 代表减压水封出口与设计动水压线的标高差,此段高度的凝结水管为非满管流动,留一富余值后,可防止产生虹吸作用导致最后一级水封失效。

$$R_{pj} = \frac{\Delta p_2}{l_2(1+\alpha_j)} = \frac{14\ 620}{200 \times (1+0.6)} = 45.7 (Pa/m)$$

式中,α_j 为室外凝结水管网局部压力损失与沿程压力损失的比值,$\alpha_j = 0.6$。

② 确定该管段的管径。按流过最大量过冷却凝结水考虑,$G_{t2} = 2.0\ t/h$。利用室外热水管道水力计算表,按 $R_{pj} = 45.7\ Pa/m$ 选择管径。取 DN=50 mm,相应的比摩阻及流速值为 $R_m = 31.9\ Pa/m$,$v = 0.3\ m/s$。

3.4 集中供热系统的热源

根据热源形式不同,集中供热系统可分为区域锅炉房供热系统和热电厂供

热系统。

3.4.1 区域锅炉房供热系统

(1)区域热水锅炉房供热系统。

区域热水锅炉房供热系统示意图如图3.8所示。

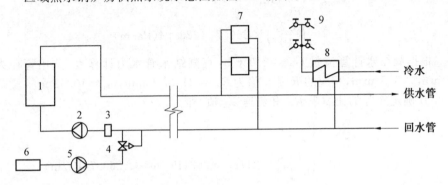

图 3.8 区域热水锅炉房供热系统示意图

1—热水锅炉；2—循环水泵；3—除污器；4—压力调节阀；5—补给水泵；6—补充水处理装置；7—供暖散热器；8—生活热水加热器；9—水龙头

热源的主要设备有热水锅炉、循环水泵、补给水泵及水处理装置，热网由一条供水管和一条回水管组成，热用户包括供暖系统、生活用热水供应系统等。系统中的水在锅炉中被加热到所需要的温度，由循环水泵输送到各用户供暖散热器等，放热后又沿回水管返回锅炉。这样，系统中的水在锅炉内不断被加热，又不断地把热量输送到热用户，以满足热用户的需要。系统在运行过程中的漏水量或被用户消耗的水量，由补给水泵输送到水处理装置，经处理后补充到系统中，补充水量可通过压力调节阀控制。

(2)区域蒸汽锅炉房供热系统。

区域蒸汽锅炉房供热系统示意图如图3.9、图3.10所示。

由蒸汽锅炉产生的蒸汽，通过蒸汽干管输到供暖、通风、热水供应和生产工艺等各热用户。各室内用热系统的凝结水经过疏水器和凝结水干管返回锅炉房的凝结水箱，再由锅炉给水泵将凝结水送进锅炉重新加热。

根据用热要求，可以在锅炉房内设水加热器。用蒸汽集中加热热网循环水，向各热用户供热。这是一种既能供应蒸汽，又能供应热水的区域锅炉房供热系统。当既有工业生产热用户，又有供暖、通风、生活用热等热用户时，宜采用此系统。

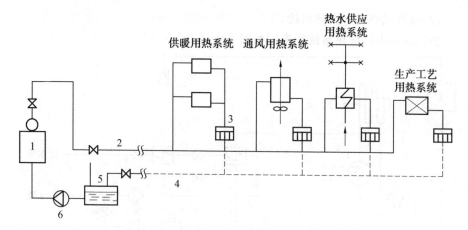

图 3.9 区域蒸汽锅炉房供热系统示意图（Ⅰ）
1—蒸汽锅炉；2—蒸汽干管；3—疏水器；4—凝结水干管；5—凝结水箱；6—锅炉给水泵

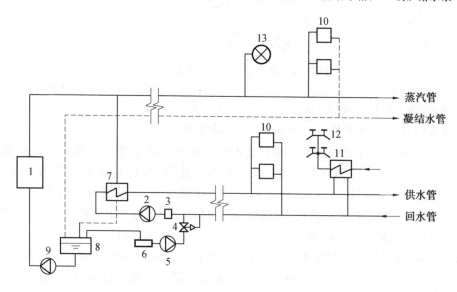

图 3.10 区域蒸汽锅炉房供热系统示意图（Ⅱ）
1—蒸汽锅炉；2—循环水泵；3—除污器；4—压力调节阀；5—补给水泵；6—补充水处理装置；7—热网水加热器；8—凝结水箱；9—锅炉给水泵；10—供暖散热器；11—生活热水加热器；12—水龙头；13—用汽设备

3.4.2 热电厂供热系统

热电厂的主要设备之一是供热汽轮机,它驱动发电机产生电能,同时利用做功的抽(排)汽供热。以热电厂作为热源,热电联产的集中供热系统,根据汽轮机的不同可分为以下几种。

(1) 抽汽式热电厂供热系统。

抽汽式热电厂供热系统示意图如图 3.11 所示。

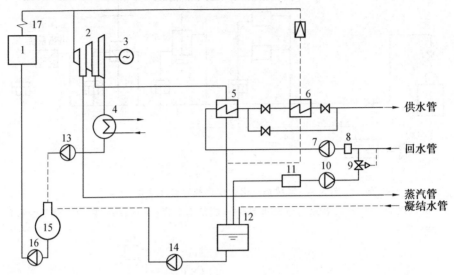

图 3.11 抽汽式热电厂供热系统示意图

1—蒸汽锅炉；2—汽轮机；3—发电机；4—冷凝器；5—主加热器；6—高峰加热器；7—循环水泵；8—除污器；9—压力调节阀；10—补给水泵；11—补充水处理装置；12—凝结水箱；13、14—凝结水泵；15—除氧器；16—锅炉给水泵；17—过热器

蒸汽锅炉产生的高温高压蒸汽进入汽轮机膨胀做功，带动发电机发出电能。该汽轮机组带有中间可调节抽汽口，故称为抽汽式，可从绝对压力为 0.8～1.3 MPa 的抽汽口抽出蒸汽，向工业用户直接供应蒸汽；从绝对压力为 0.12～0.25 MPa 的抽汽口抽出蒸汽，用以加热热网循环水，通过主加热器可使水温达到 95～118 ℃；如通过高峰加热器进一步加热，可使水温达到 130～150 ℃ 甚至更高，以满足供暖、通风与热水供应等热用户的需要。在汽轮机最后一级内做完功的乏汽排入冷凝器后形成的凝结水以及水加热器内产生的凝结水、工业用户返回的凝结水，经凝结水回收装置回收，作为锅炉给水送入锅炉。

(2) 背压式热电厂供热系统。

背压式热电厂供热系统示意图如图 3.12 所示。从汽轮机最后一级排出的乏汽压力在 0.1 MPa（绝对）以上时，称为背压式。一般当排汽压力为 0.3～0.6 MPa 或 0.8～1.3 MPa 时，即可将该压力下的蒸汽直接供给工业用户，同时还可以通过冷凝器加热热网循环水。

(3) 凝汽式低真空热电厂供热系统。

当汽轮机排出的乏汽压力低于 0.1 MPa（绝对压力）时，称为凝汽式。纯凝汽乏汽压力为 6 kPa，温度只有 36 ℃，不能用于供热。若适当提高蒸汽乏汽压力

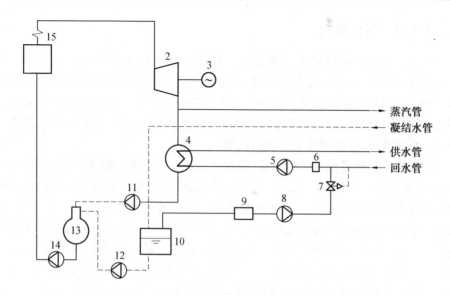

图 3.12 背压式热电厂供热系统示意图

1—蒸汽锅炉；2—汽轮机；3—发电机；4—冷凝器；5—循环水泵；6—除污器；7—压力调节阀；8—补给水泵；9—水处理装置；10—凝结水箱；11、12—凝结水泵；13—除氧瓣；14—锅炉输水泵；15—过热器

至 50 kPa 时，其温度在 80 ℃以上，可用于加热热网循环水，满足供暖用户的需要，其原理图与图 3.11 相同。这种形式在我国多用于把凝汽式发电机组改造为真空的热电机组。实践证明，这是一种投资少、速度快、收益高的供热方式。

3.5 区域供冷供热系统

3.5.1 区域供冷供热的几个相关概念

①区域供冷供热系统，即为满足区域内建筑物的冷热量需求，由能源站集中制备冷热水，并通过管网进行供给的系统。

②同时使用系数，即区域总设计冷热负荷与区域内各建筑单体设计冷热负荷之和的比值。

③负荷率，即区域供冷供热系统的运行负荷与设计负荷之比。

④供能半径，即能源站至最远换热站或最远用户的管道沿程长度。

⑤系统综合能效，即冷热源系统单位时间供冷(热)量与单位时间冷热源主机、水泵及其他相关耗能设备的净输入能量之和的比值。

3.5.2 系统组成

区域供冷供热系统是为了满足某一特定区域内多个建筑物的空调冷热要求,由专门的供冷站集中制备冷热水,并通过区域管网进行供给最终用户,实现用户制冷或制热要求的系统。区域供冷供热系统不仅在节能和环保方面具有优势,而且在系统设计、运行和维护,空调用冷热水生产及销售量的集中控制方面带来了可观效益,已经得到了广泛的应用。

区域供冷供热系统由冷热源站、输配管网和末端设备三部分组成,如图3.13所示,可以是锅炉、热电联产设备、电动制冷机组、热力制冷机组、蓄冷装置、水地源热泵等的不同设备组合。区域供冷供热系统的输入能源可以来自热电厂、区域锅炉房、工业余热等,这些能源需要通过能源站中的设备转换为满足要求的冷热媒介,输送到空调建筑机房内,给建筑物内循环空调冷热水换热,保证末端空调使用。输配管网是由冷热介质向用户输送和分配冷热介质的管道系统。用户端接口是指管网在进入用户建筑物时的转换设备,包括热交换器和水泵等。末端设备是指安装在用户建筑物内的冷热交换装置,包括风机盘管、空调机组、新风机组、散热器等。

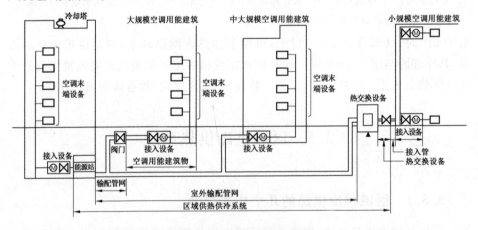

图 3.13 区域供冷供热系统

3.5.3 区域供冷供热系统的分类

区域供冷供热系统的形式比较多样,主要的区别在于其冷热源系统的组成,常见的有以下几种。

① 天然气热电冷联产,利用天然气先发电,然后回收余热用于制热或吸收式制冷的分布式能源系统。该系统在负荷特性匹配较好时可以取得很高的能源利用效率,在冷负荷较大的地区为了平衡负荷一般采用部分电力压缩式制冷作为

补充,因此具有一定的气电互补特性,可以利用天然气夏季的使用低谷避开电力的使用高峰。

②区域供热加吸收式制冷。在已经建设有区域供热集中锅炉房或城市热网的地区,可以在集中供热的基础上根据需求增加吸收式制冷机形成区域供热供冷系统,优点是增加很少的投资便可以解决夏季的供冷问题。

③对于天然气供应稳定且价格经济的地区,可以采用天然气直燃型吸收式制冷机作为建筑物集中空调系统的冷热源,优点是可以极大地减少用电,避免空调负荷对夏季电网形成冲击性负荷。

④电力驱动制冷加冰(水)蓄冷系统。在以供冷为主要功能的大型区域供冷系统中使用较多,电力驱动制冷性能稳定可靠,结合冰(水)蓄冷系统可以降低系统配电容量和运行费用,是大型区域供冷系统采用较多的形式之一。

⑤以江河湖海、污水、工厂废热等低品位能源,利用热泵技术进行区域供冷供热的系统。该系统不仅可以充分利用再生能源,还可以减少化石燃料的使用和相应污染物的排放,也是比较经济环保的空调冷热源方式。

3.5.4 区域供冷供热系统优缺点

(1)区域供冷供热系统优点。

①可以利用空调同时使用系数降低冷热源和配电系统容量,并能减少设备的冗余,减少系统的初投资,从而提高系统的经济性。

②可以集中配置高效环保的大型设备,有效降低能耗,有利于环境保护。

③能源站和热力站设备集中配置,有效提高建筑空间利用率。

④提高管理效率,降低运营成本。区域供冷智能控制水平高,可调控范围广,提高了系统能效,降低了运行成本。专业化的运行管理团队、市场化的能源服务意识提升了管理效率,创造了高效的运维条件。

⑤增强安全性和可靠性。设备大型化、集约化,无论是从数量还是从体量上来讲,区域供冷设备配置容量均高于任何独立供冷的分散式系统,并且在同一机房内,有群控统一管理,安全和可靠性增强。而具有蓄能系统的区域供冷,本身具有冷量储备功能,安全性和可靠性增强。

⑥改善建筑外观。区域供冷系统取消了分散式空调系统的冷却塔,消除了由其产生的噪声,提高了建筑的美观性。

(2)区域供冷供热系统缺点。

①管网投资大。

②系统输配能耗高。在夏季供冷期间,由于冷水供回水温差小,区域供冷供热系统的输送功耗和冷量损失相对供热期间更高,从而限制了供冷服务区域半径。

③区域供冷供热系统的输配系统管网温升冷热损失大,能效低。

3.5.5 区域供冷供热系统实施的条件

区域建筑经技术经济比较后采用区域供冷供热系统,须符合条件①~④,且应满足条件⑤~⑧其中之一。

①设置集中空调系统的建筑的容积率较高,且整个区域建筑的设计综合冷热负荷密度较大。

②用户负荷及特性明确。

③建筑全年供冷供热时间长,且需求基本一致。

④具备规划建设区域能源站及管网的条件。

⑤因环境或其他要求,不宜在建筑外立面安装室外机等设施。

⑥有峰谷电价且差值较大,适合采用蓄能系统。

⑦有稳定供应的工业余热废热资源。

⑧有适宜的浅层地热能、地表水、污水等资源。

3.5.6 区域供冷供热系统在我国的应用前景

区域供冷供热的对象主要是商业用户、工业用户和公共用户。我国目前各类区域供冷供热系统有30多项,但是在我国区域供冷供热系统相对来说还算比较新的概念,作为一种高度集中化的空调能源形式,也存在一定的风险。在我国推广应用区域供冷供热系统时,应该对系统大小、用户用能动态、管道输配半径以及当地政策等做详细调研分析,不能照抄国外经验。可以考虑实际情况,因地制宜地先建设一些试点项目,积累设计、施工、运行管理的数据和经验,为其后期大量应用创造条件。

本章参考文献

[1] 邹平华.供热工程下集中供热[M].北京:中国建筑工业出版社,2018.
[2] 王宇清.供热工程[M].北京:机械工业出版社,2005.
[3] 王亦昭,刘雄.供热工程[M].北京:机械工业出版社,2007.
[4] 冉春雨.供热工程[M].北京:化学工业出版社,2009.
[5] 田玉卓,闫全英,赵秉文.供热工程[M].北京:机械工业出版社,2008.
[6] 刘学来.城市供热工程[M].北京:中国电力出版社,2009.
[7] 李善化,应光伟.分布式供能系统设计手册[M].北京:中国电力出版社,2018.

[8] 陆耀庆. 实用供热空调设计手册[M]. 2 版. 北京: 中国建筑工业出版社, 2008.

[9] 武涌, 龙惟定. 建筑节能技术[M]. 北京: 中国建筑工业出版社, 2009.

[10] 曾竞. 区域供冷供热管网系统优化设计研究[D]. 长沙: 湖南大学, 2017.

[11] 龙惟定, 白玮, 范蕊, 等. 低碳城市的区域建筑能源规划[M]. 北京: 中国建筑工业出版社, 2011.

[12] 中国工程建设标准化协会. 区域供冷供热系统技术规程: T/CECS 666—2020[S]. 北京: 中国建筑工业出版社, 2020: 9.

[13] 李震. 海水源热泵区域供热供冷系统 3E 评价[D]. 大连: 大连理工大学, 2009.

[14] 马宏权, 龙惟定. 区域供冷系统的应用现状与展望[J]. 暖通空调, 2009(10): 52-59.

第4章 分布式能源系统

热电联产(Cogeneration, Combined Heat and Power, CHP)是从一次能源到终端利用领域的一项系统技术,产生于煤占世界一次能源60%以上的20世纪上半叶,源于对燃煤蒸汽轮机(ST)占燃料能量1/3的低温冷凝潜热未能利用的状况,以及对燃料直接生产工业用蒸汽高能耗的改进。于是,采用提高背压或者抽汽的方式,使高压蒸汽先发电,再抽出低压蒸汽供热。与单纯发电和锅炉供热相比,这种用能方式的燃料利用总效率大大提高,称为热电联产,以热电比为性能指标。

冷热电联产(Compound Supply of Cold, Heat & Power, CCHP)技术是以能源梯级利用为基础,能同时实现供冷、供热和发电过程的一体化多联产系统。与传统集中式能源相比,其分布位置更接近负荷,不需要进行远距离高压输送,显著减少了线损和运行成本,能达到更高的能源综合利用率。CHP是CCHP的基础,也是CCHP的初级阶段,其目标止于"联产",至于产出的蒸汽如何利用、利用得是否合理却并不深入研究。CCHP对能量的利用进步很大,其目标是获得从一次能源到终端利用全过程的最高能效和最大经济效益,这常常要通过在整个系统安排科学、优化地用能才能实现。所以,从"联产"到"联供"是一次能源到终端利用系统技术的一次质的飞跃,可以概括为:CCHP=CHP+科学用能、系统优化。

分布式能源系统(Distributed Energy System, DES)是指分布在用户端附近的小型高效能源利用设备,它以CCHP技术为基础,所以常被称为分布式冷热电联供能源系统(DES/CCHP)。其典型模式是在"燃气轮机/内燃机发电+余热锅炉-汽轮机进行发电+抽汽"的基础上,运用热泵等各种能源利用技术,通过各种组合构建的满足用户所有冷、热、电、气终端需求的能源终端供应系统,其主要评价指标是能源利用效率。CHP产生于以煤为主要一次能源的时代,DES/CCHP产生于以天然气为主要一次能源的时代,两者相差数十年。其实,燃煤也能采用DES/CCHP,只不过以前还没有足够深刻的认识和足够先进的技术。随着人类开始向低碳能源转型,DES/CCHP的主要一次能源也将逐渐由天然气向核能和可再生能源转变,这是一个更加漫长的过程。本章将详细介绍分布式能源及分布式能源系统的概念,同时通过对分布式能源系统的发展历史与现状的深入剖析与探讨,结合当前国内外形势,梳理、总结对分布式能源未来发展方向与机遇的思考,并对分布式能源系统的多种评价方法进行阐述。

第4章 分布式能源系统

4.1 分布式能源

4.1.1 分布式能源定义

分布式能源的概念在 1980 年左右被提出。其雏形最早出现于 19 世纪末的纽约,工厂开始利用自身余热发电,从而满足自身及周边单位的电、热负荷。热电联产方式相对于传统热电分产方式,其一次能源利用效率得到了大幅提高。之后的发展中,余热利用经进一步研究,应用于空调、制冷领域,从而发展成冷、热、电三联供能源系统,一次能源利用效率可达 80%。各个国家相关机构对于分布式能源的定义尚未统一,主流定义如下。

(1)世界分布式能源联盟(World Alliance Decentralized Energy,WADE)。

分布式能源也称分布式供能、分散式发电、分布式供电,是指安装在用户端的包括农村小水电、小型独立电站、废弃生物质发电及余热、余压供能等多元形式的冷热电联供系统。而且,利用光伏、风能、水力、生物质能、潮汐能、地热能等可再生能源进行发电的模式也属于分布式能源的范畴。该系统技术特点在于:①多容量的热电联产系统,功率从 kW 级至 MW 级,可采用燃气轮机/内燃机、蒸汽轮机、燃料电池、微燃机等原动机集成;②能源种类适应广泛的综合系统,包括太阳能光伏/热发电、小型水力发电、生物能发电、风力发电等可再生能源技术系统。

(2)美国能源部。

分布式能源又称分布式阶梯能量、分布式生产、分布式动力系统,与传统集中供能有以下几点区别:①分布式能源是规模从 kW 级至 MW 级的单元模块化系统;②设备系统包括燃气内燃机,高性能燃气轮机和微燃机、热力驱动的制冷系统,除湿装置,风力透平发电、光伏发电系统,太阳能热发电装置,燃料电池和地源热泵等一系列的供需双侧的技术设备;③分布式能源系统近负荷端布置,如系统设备直接安装在建筑内,建立在区域能源中心、工业园区或大型楼宇集群网络附近。

(3)中华人民共和国国家发展和改革委员会。

分布式能源于近年兴起,利用小型设备向用户供能,较传统的集中式供能系统更加靠近负荷侧,故无须建设大规模电网、远距离输电,有效减少了输电线损,节省了电建投资和输配维护运行费用;发电、供热等多种能源供给使得一次能源实现有效梯级利用,提高能源综合利用效率。分布式能源设备启停迅捷,变负荷适应性好,各设备相互独立,系统的安全性较高;并且,供能能源多采用天然气、可再生清洁能源为一次能源,相对于传统供能系统环保效益显著。

分布式能源是一个笼统的概念。严格来讲,分布式能源至少包含三层含义:

①分布式能源本身,包括分散分布的、分布式系统可利用和转化的所有能源资源,俗称分布式能源。

②分布式能源转化系统,可称为分布式能源系统。

③分布式能源供给体系,可称为分布式能源体系。

分布式能源是外来词汇,在英文中被简写成 DE,其对应的英文单词有两组,分别是"Decentralized Energy"和"Distributed Energy",这两组单词意思相近,前者强调了系统"分散"的特性,而后者除此之外还隐含了这种"分散布局"是主动的而非被动的,是连接的而非独立的更深层含义。这两个名称是分布式能源在发展过程中出现的同质异化现象,没有实质性区别。相较而言,后者包含的信息更多,更加贴近分布式能源的发展方向。

与国外类似,分布式能源在我国也多种多样,如"小型全能量系统""小型热电冷联产""分散电源""分布发电""用户能源系统""需求侧能源装置"等。可以看出,在我国,分布式能源以供电为主,兼供冷、热,体现了分布式能源在我国应用的主要特点。

2004 年 8 月 16 日,中华人民共和国国家发展和改革委员会正式使用了"分布式能源系统"一词,标志着这一新兴能源概念及其名称的确认,也标志着分布式能源在我国的发展进入了一个崭新的阶段。

国内外对于分布式能源的定义可谓"仁者见仁,智者见智",各国、各领域的专家纷纷给出不同的答案。本书将所能收集到的关于分布式能源的定义进行了拆解和分类,通过这些摘自各种定义并被分门别类的众多概念元素,先使读者对分布式能源形成一个整体的认知。

(1)第一级:框架性概念。

这类概念元素描绘了分布式能源的整体轮廓,其中包括:

①分散性:顾名思义,能源的转化和能量的供应都是非集中的,包括用户分散、资源分散、就地生产、就近供给、分散排放。

②定制式:分布式能源系统是为分散用户的特定需求量身定做的,其设计具有针对性,这与普通电厂有本质的区别。

③即用式:分布式能源系统一般建设在用户附近,以便本地生产、就近使用,故不需要建设大电网进行远距离高压或特高压输电,可大大减少线路损耗(简称线损),节省输配电建设投资和运行费用。这是分布式能源的最大优势。

通过第一级概念可以了解到,分布式能源底层单元的基本模式是"分散布局,就近供给",具体体现为按需设计、分散生产、直供本地、即产即用。

(2) 第二级：特征性概念。

这类概念元素强调了分布式能源现阶段发展的共性特征，主要包括：

①小型化：现阶段，分布式系统的普遍规模较小，且其规模化也不体现在单个系统上，而是依靠数量增加和区域网络互联加以实现。

②多元化：即指分布式能源并不局限单一能源输入，而是因地制宜地使用化石能源或可再生能源；也不局限于电力输出，而是实现了包括电力在内的冷、热、气等各种能源产品的各取所需。

③模块化：分布式能源系统具有较高的灵活度和兼容性，可通过独立电源的开关和模块的叠加来调整容量；而未来的分布式网络更具有兼容性，系统单元可以独立工作、孤岛运行，也可以灵活地加入和退出网络。

第二级概念体现了分布式能源系统"小型、多元、兼容"的结构性特征，而分散布局的小型设备有助于各类能源的兼容并蓄、综合利用，产生并供给多种能源产品。

(3) 第三级：功效性概念。

这类概念元素概括了分布式能源与传统能源体系相比，在功能、效率、环保和效益方面体现出的优势特征，主要包括：

①全能供给。分布式能源系统具备多种能源供给功能，包括冷、热、电、气等，以电为主。

②安全可靠。分布式能源设备启停方便，负荷调节灵活，各系统相互独立，系统的可靠性和安全性较高。

③节能高效。由于兼具发电、供热等多种能源服务功能，分布式电源可以有效地实现能源的梯级利用，达到更高的能源综合利用效率。

④清洁环保。由于多采用天然气、可再生能源等清洁能源为原料，分布式能源较之传统的集中式能源系统更加环保；分布式系统的排放比较分散，便于自然环境吸收转化，不致造成集中污染。

⑤经济效益。现阶段，分布式能源就近用电，梯级供热，既节约了运输成本，又提高了能效，减少了能源的浪费和损耗，降低了能耗成本；长期来看，一旦可再生能源发展成熟，不再依赖昂贵的化石能源发电，便可实现电力价格的降低。

第三级概念强调了相比于传统能源供给，分布式能源系统有"安全可靠、节能环保"等优势，具有市场推广的潜在价值。

(4) 第四级：方向性概念。

这类概念元素体现了分布式能源未来的发展方向和终极目标，主要包括：

①网络化。即并不局限于独立电源，各电源系统互联、互补，形成区域电网，也可并入大电网。

②智能化。分布式能源是发展智能电网的基础，未来可以通过智能电器和

数字化电力线通信技术实现供需联动和远程遥控,最大限度地优化电力的生产和供给。

③系统设计最优化。合理利用本地资源,充分满足用户端需求,使分布式能源系统达到最平衡的配置,效率、成本、安全、排放等指标达到最优。

④终端能源利用效率最优化。在保证终端能效基础上,以最小的代价,最大限度地提高能源的综合利用水平。

⑤资源、环境、经济效益最大化。兼顾资源节约和循环利用、环境保护和节能减排,以及降低成本等多方面利益因素,实现能源产业各环节的和谐发展。

第四级概念集中体现了分布式能源系统未来发展的方向是"最优化设计、智能化控制和网络化运营"。

(5)第五级:技术性概念。

这类概念提出了支撑分布式能源系统建设和实现其远大目标所必需的技术,主要包括:

①供需双侧技术。根据用户多种能源需求和资源配置状况,建立闭环反馈能源系统,并加以整合优化。

②能效技术。发展并完善包括余热利用技术在内的能源梯级利用和综合利用的技术,不断提高能源使用效率。

③储能技术。储能技术是未来电力系统建设的重要组成部分,可在低谷蓄电、在高峰放电;与分布式能源配套运行,可确保电力供应不会轻易中断,成为未来智能电网建设的主要调节手段和安全保障元素。

④可再生能源发电技术。可再生能源是未来能源供应和电力生产的主要能源资源,其清洁廉价,不会枯竭,与储能设备、控制系统结合,将成为最有潜力的替代能源。

⑤自适应控制技术。分布式能源系统经过网络互联后,可以通过自适应控制技术对反馈系统的输入(发电)和输出(用电)进行分析和控制,并进行适应性优化,确保发电、用电和储能设备处于最佳工作状态。

⑥信息技术。智能电网将采用智能化监控、网络化群控和远程遥控技术,实现普通电网和互联网的结合。

第五级概念从技术角度出发,明确了发展分布式能源技术所必须拥有的技术,并指明了相关技术在能源领域的研发方向。

4.1.2 分布式能源"再定义"

经过"拆解",在国内外分布式能源的众多定义中提取出 5 级概念元素,通过分析和概括这些概念,可以对分布式能源的模式、特征、优势、目标和未来发展方向有大致的认知。

事实上,由于分布式能源系统在不同领域和行业的应用基础不同,其形式、技术、特点也千差万别,况且分布式能源体系自身仍处于快速的发展和演变当中,不断地有新的概念和技术融入,使"分布式能源"更加丰富和完善。因此,现阶段很难对分布式能源下一个全面而准确的定义,但为了便于理解和下面论述的展开,这里还是勉强概括出了一个具体而简单的"定义":所谓分布式能源,就是立足本地资源,平衡终端需求、区域性能源(冷、热、电)的产、储、配、供、控一体化服务体系。

目前,世界上分布式能源处于科研、示范、推广和应用并存的过渡阶段,这就决定了其系统可能是离网独立的,也可能是区域互联、实现并网运行或销售的;可能是多种能源并用的,也可能是仅使用其中一种的;可能只发电,也可能热、电、气联供;可能是智能控制的,也可能是人工手动调节的;可能是精确的负载跟踪,也可能是纯开放式设计。无论是简单还是复杂,示范还是推广,分布式能源体系都离不开两个要素:资源和用户。

分散的资源和用户决定了系统布局的分散性;有限而多元的资源供给和用户需求决定了系统布局的小型化、多元化;资源与需求之间的协调关系决定了分布式系统的灵活性、可靠性;资源与需求之间相互契合,也实现了能源利用的高效和环境友好。

从科学上说,资源是系统输入,而用户的耗用是系统输出,当系统的输入与输出达到动态平衡时,该系统(人类社会)的发展才是稳定、可持续的;而从哲学角度,资源代表着自然,用户则代表着人类,当自然和人实现和谐共处后,我们的文明才是健康、有序的。

4.1.3 分布式能源资源

能源是人类活动的物质基础。使用优质能源、改进能源技术是带动人类社会发展的动力,是发展世界经济的重要基础,能源行业的发展与进步是全世界关注的共同话题。20世纪,能源得到了空前的发展与利用,化石能源的无节制使用带来了全球经济的高速发展,同时也对环境造成了极大的破坏。进入21世纪后,节约地球能源和保护生态环境已经得到世界的重视,因此我们选择了分布式能源。那么分布式能源到底可以利用哪些能源,而这些能源又是否适合分布使用呢?

能源包括清洁能源、化学能源和辐射能源。理论上,任何能源都可以分布式应用,包括核能。比如,在航天器上,核能就是以"微型化"的方式被利用的。2012年8月5日,降落在火星表面的美国新一代火星车"好奇号"上搭载的核动力装置就是一枚重约45 kg、发电功率为110 W的核电池。然而,从民用的角度来看,这种核电池无疑过于昂贵,且辐射能源因为技术问题和安全性考虑应该集中,暂不适合分布式能源系统使用。

与此同时,"好奇号"核电池中的温差发电装置也是一种热能发电技术,而包括热能在内的所有清洁能源及化学能源,都已经被或将被广泛应用于分布式能源。其中清洁能源包括太阳能、风能、海洋能、水能、热能,化学能源包括煤、石油、天然气、生物质能、氢。当下,产生各种环境问题的主要原因便是化石能源的应用。新时期,我国陆续提出了"碳达峰""碳中和"的发展目标,同时也带动了相应的消费模式发生变化,为此,能源格局必须有所调整。这一宏观大环境之下,相关人员必须加强生态文明方面的建设和管理,在保证经济快速发展的基础上,充分促进经济升级、经济转型等工作的完善,保证气候变化问题处理的有效进行。同时,世界经济快速发展,使得人口增长、能耗等问题逐渐受到重视,各地区用户的能源需求也表现出多元化的特点。从世界范围内可以看出,能源相关设备设施逐渐呈现老化状态。因此,必须及时进行能源架构的调整,力求提高能源利用率,降低化石能源的使用比例,用清洁能源完成替代,构建现代化的能源体系,最终达到减少碳排放量的目标。

4.2 分布式能源系统

4.2.1 定义及分类

传统集中式供能系统具有大型化、集中化的特点,其输送和分配所需的网络都比较复杂,用户大多集中在特定的区域内,这就导致集中式供能系统负荷变化的灵活性和供能的安全性较差。近年来,欧洲、美洲等地区相继发生了大规模停电事故。我国也曾出现过停电事故,如2008年雪灾就对南方地区的电网设备造成了巨大的破坏,严重影响了工业和农业的发展,对居民生活造成了严重干扰。这些事故表明传统集中供能体系存在着严重的不足和隐患。因此,传统的集中式能源系统存在的弊端已经成为亟待解决的能源问题之一。

分布式能源系统是相对传统集中式供能系统提出的,是一种建立在用户端,可以有效实现能源梯级利用、提高能源利用效率的新型供能模式,分布式能源系统能源综合梯级利用示意图如图4.1所示。这种系统利用清洁能源(燃气)、生物质能和新型氢能源等作为一次能源,再加上相应的热力设备或电力设备和制冷机组,构成一个能够提供冷、热、电的自给自足的小型能源系统,并最终分布在终端用户的附近。根据需求现场的用户对能源的要求,按温度对口的原则供应能源,将输送环节的损耗降至最低,从而实现能源利用效率的最大化。

分布式能源系统按照能源利用形式划分,可分为化石能源、清洁能源以及两

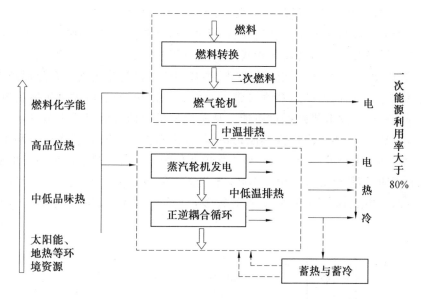

图 4.1　分布式能源系统能源综合梯级利用示意图

种能源结合的分布式能源系统。按分布式能源系统规模划分,可分为楼宇型分布式能源系统及区域型分布式能源系统。增加可再生能源份额、布置分布式能源系统,可以从能源结构上提升清洁生产水平,推动构建清洁低碳、安全高效的能源体系,是迈向低碳能源发展的关键一步。分布式能源与集中式发电系统的有机结合也将成为未来电力工业和能源工业的重要发展方向。

4.2.2　典型的分布式能源系统

当今,各个国家的能源结构发生转型,非化石能源和天然气在能源结构中的地位上升,其中以天然气为燃料的冷热电三联供方式发展最快。天然气冷热电分布式能源系统具有能效高、清洁环保、安全性好、削峰填谷、经济效益好等优点,是天然气高效利用的最佳途径。天然气分布式能源系统实现了科学用能和能源梯级利用,能源综合利用效率为 70%～90%,是在负荷中心就近实现能源供应的现代能源供应方式,符合节能环保和建设节约型社会的要求。分布式冷热电联供系统集燃气轮机、燃气内燃气轮机、蒸汽轮机、斯特林机、燃料电池、吸收式余热回收利用设备、吸附式余热回收利用设备、压缩式冷热水机组和综合控制系统等高新技术和设备为一体,根据热能品位的不同,高温热能通过动力机对外做功发电,中温热能通过余热回收设备制取冷负荷,低温烟气供应低温生活热水,实现对输入能量的综合梯级利用,达到更高的能源利用效率(一般为 70%～90%),典型的四种 CCHP 系统基本流程示意图如图 4.2～4.5 所示。

(1)燃气-蒸汽联合循环+蒸汽型吸收式制冷机组。

该能源供应模式主要由燃气轮机、锅炉、蒸汽轮机、蒸汽型吸收式制冷机等主要生产设备及其他辅助设备构成,基本流程如图4.2所示。天然气进入燃气轮机,燃烧做功带动发电机组进行发电,燃烧产生的高温排气则被余热锅炉充分利用,锅炉产生的高温高压蒸汽又带动蒸汽轮机做功,然后由发电机输出电能,即该模式由两种发电机组提供电能。从蒸汽轮机中抽取低温低压蒸汽,一部分用来进行热交换,为用户提供热能;另一部分由蒸汽型吸收式制冷机组利用,产生冷量以满足用户的供冷需求。该工作模式使得天然气冷热电联供系统的能量梯级利用明显,热能综合利用效率高,发电效率高,机组容量较大,适用于联合循环能源站。由于该模式的系统环节较多,复杂程度较大,所以建设成本相对较高。

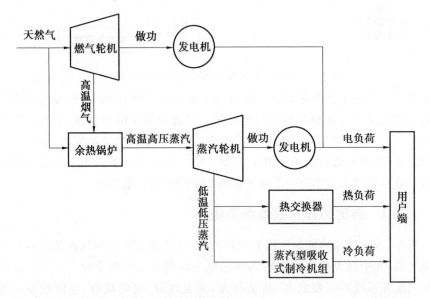

图4.2 燃气-蒸汽联合循环+蒸汽型吸收式制冷机组CCHP系统基本流程示意图

(2)燃气轮机+蒸汽型吸收式制冷机组。

燃气轮机+蒸汽型吸收式制冷机组CCHP系统基本流程示意图如图4.3所示。该模式与第一种工作模式的主要区别在于其无蒸汽轮机发电环节。在夏季,该工作模式的天然气CCHP系统中的蒸汽型吸收式制冷机组能够充分利用余热锅炉产生的高温蒸汽制取冷负荷,以满足用户的冷量要求,保证了系统较高的能源利用效率。该模式的蒸汽型吸收式制冷机组工作效率较高,且工作范围广,适用于较多用户种类的冷热电联供。

(3)燃气轮机/内燃机+余热型吸收式制冷机组。

燃气轮机/内燃机+余热型吸收式制冷机组CCHP系统基本流程示意图如

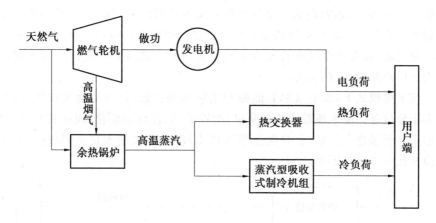

图 4.3　燃气轮机+蒸汽型吸收式制冷机组 CCHP 系统基本流程示意图

4.4 所示。该模式与第二种工作模式的主要区别在于该模式不存在余热锅炉制热环节,天然气燃烧产生的高温排气直接提供给余热型吸收式制冷机组。余热型吸收式制冷机组也称为余热直燃机,可以向用户端送出热负荷和冷负荷以满足需求。当燃气轮机/内燃机停用时,天然气可直接在余热型吸收式制冷机组内燃烧,以增加供热、供冷量。

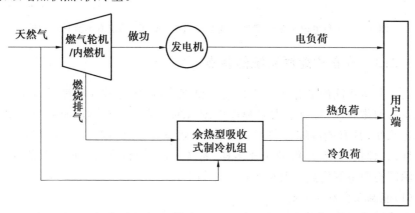

图 4.4　燃气轮机/内燃机+余热型吸收式制冷机组 CCHP 系统基本流程示意图

该工作模式的天然气 CCHP 系统结构相对简单,便于安装,建设成本较低(因为省去了整个余热锅炉环节及相关系统)。节能方面,与冷热电分产系统相比,一般可以节约 20%～30% 能源。该模式适用于燃气轮机和内燃机输出的烟气流量不大、温度不高的场合,所以一般情况下需要增加补燃措施,改善其输入热量不够的情况,以达到用户侧的负荷要求。

(4)燃料电池+余热型吸收式制冷机组。

燃料电池(Fuel Cell)是一种将存在于燃料与氧化剂中的化学能直接转化为

电能的发电装置,燃料电池+余热型吸收式制冷机组 CCHP 系统基本流程示意图如图 4.5 所示。燃料电池依靠天然气和空气的化学反应产生电能以满足用户的电量需求,以余热型吸收式制冷机组收集过程中的废热、废气、排气余热等能量满足用户端的冷、热需求。

该工作模式下,发电效率和能源利用效率都比较高,污染物排放较少,环保效果十分显著。由于该系统结构简单、配置灵活、设计模块化,因此其扩容方便,适用于各种场合。但是,燃料电池所需成本较高,相关技术也不够成熟,因此进行商业化生产比较困难。

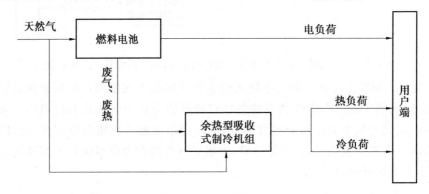

图 4.5 燃料电池+余热型吸收式制冷机组 CCHP 系统基本流程示意图

4.2.3 分布式能源系统的特点

由于分布式能源是分布于用户端的供能系统,因此较大程度上改善了传统电网系统的脆弱性,避免了大规模停电现象的发生。分布式能源系统相对于传统能源系统,具有能源综合利用率高、环保效益好、经济效益高、削峰填谷、供能可靠性高、建设周期短、能源选择多样、系统灵活、能解决边远地区供能问题、顺应能源结构调整等优点。典型优点具体如下。

(1)能源综合利用率高。

天然气 CCHP 系统在发电的同时,根据能源梯级利用原理,充分利用发电余热来输出冷负荷与热负荷,能源利用效率能够提高到 70% 甚至更高。另外,CCHP 能源站直接建设在用户附近,不存在远距离输电网、传热网,因此可以有效减少线损和网损,提高能源利用效率。因为受到环境等多方面因素影响,普通电能供应半径一般为 100~500 km,热量供应半径一般为 10 km,在发电、供热、制冷系统相互独立的情况下,供应半径与供应距离将会根据实际情况发生变化,因此能源设施的投资建设较为复杂。使用天然气 CCHP 系统就可以避免以上情况的发生,因为供能中心建设在用户周围,使得能源传输距离大大缩短,会极大减少能源损失,能源利用率得到进一步提高。

(2) 环保效果好。

CCHP 系统适用于居民区、商业区、医院、机场等区域的电力、热量、冷量的能源供应。使用天然气作为燃料,由于高效的多级利用,减少了污染物的排放,即使在人口密度大的城市也能满足高标准的环保要求。天然气冷热电联供系统的 CO_2 排放量仅为常规供能系统 CO_2 排放量的 30%～50%。由于目前我国主体一次能源依然是燃煤,因此天然气 CCHP 系统的应用还对降低 SO_2、烟尘和 NO_x 等的排放起到了非常显著的作用。同时,联供系统中的制冷环节通常采用热量吸收式制冷机组,完全不需要使用传统空调氟利昂,环保效果十分明显。

(3) 经济效益高。

与热电联供相比,由于增加了冷量的需求,而冷量一般采用溴化锂制冷机组制冷获得,因此冷热电联供技术增加了夏季的热量需求,用于吸收式制冷机制冷,以达到用户端的冷量要求,从而大大减少了发电过程中的热量浪费,有效提高了能源利用效率的同时又节约了生产成本。另外,与常规电网相比,其降低了常规电网长距离输配电成本,也减少了输变电和城市供热管网投资,并且大大降低了线损和网损。同时,由于具备较高的自动化集成度,可以实现无人作业,大大降低了设备的运行成本。

(4) 削峰填谷。

CCHP 系统具有削峰填谷的功能,能缓减夏季用电紧张的情况,可有效改善用能的季节不平衡性,使燃气负荷和电力负荷供应趋向均衡。在冬季,由于采暖供热的需要,天然气的使用量达到峰值,而这时的用电量却仅处于基本电力负荷水平。冬季充分利用发电过程中产生的大量余热,可削减单纯用天然气制热引起的天然气用量高峰。在夏季,随着人们收入的增加和生活水平的提高,空调使用率增长迅速,空调用电比例也随之大大增加,这时为用电高峰、用气低谷。因此,夏季如果充分利用 CCHP 发电过程中的热量进行制冷,可有效降低对电网电能的需求,并且增加了天然气的使用量,有效削减了夏季电网高峰、填补了用气低谷,优化了用电结构,缓解了电网压力。

(5) 供能可靠性高。

传统互联大电网供电模式下,任意环节出现故障都有可能给整个电网的潮流分布带来很大的波动,严重时会导致大面积停电和电网瘫痪,带来巨大损失。而对于 CCHP 系统,作为分布式能源站,用户电力需求可以由能源站发电机组或者电网端进行联合保障、相互补充;热负荷由动力装置燃气燃烧产生的高温排气和燃气余热补充锅炉共同保障;对于冷负荷,驱动制冷机的热量同样可由动力装置燃气燃烧产生的高温排气和燃气余热补充锅炉共同保障。可见,天然气CCHP 系统在用户的冷、热、电等能源供应方面都有多路保障,并且能源站为分布式能源供应,对大电网的影响较小,因而相对于传统能源供应系统而言,实现了能源供应可靠性的显著提高。

分布式能源系统的主要不足在于,由于它是分散供能,单机功率很小,与最大单机功率在 GW 以上、单厂功率近 10 GW 的大电厂相比,发电效率显然不足。这是因为现有动力设备都是机组越大,效率越高。400 MW 的以燃气轮机为主的联合循环装置效率比回热燃气轮机的效率要高一倍。"麻雀虽小,五脏俱全",因此大机组单位功率的售价相比小机组要低得多。大机组集中在一起,有专门的高级技工运行维护,安全性、工作寿命都应该更有保证。所以,要对纯发电成本和单位容量初投资进行比较,分布式能源系统的经费投入肯定要大大高于现在的大电力系统。另外,分布式能源系统对当地使用单位的技术要求要比简单使用大电网供电更高,要有相应的技术人员与适合的文化环境。目前国内已建成上海浦东国际机场、黄浦中心医院、闵行区中心医院、北京首都国际机场等多个项目,分布式能源系统的应用在我国具有很好的发展前景。

4.3 分布式能源系统发展现状及前景

4.3.1 国外发展现状

分布式能源系统的概念是从 1978 年《美国公共事业管理政策法》公布后开始在美国推行的,后被其他一些国家所接受。近年来,一些国家正大力开发、推广以天然气等气体燃料以及可再生能源为动力的、分布在用户端的供能系统,特别是以热电联产(CHP)或冷热电三联产(CCHP)为主要技术的分布式供能系统,实现直接满足用户需求的能源梯级利用。

1. 美国

美国 2010 年分布式总装机容量约为 9 200 万 kW,占全国发电量的 14%。2011 年热电联产(CHP)发电量已占全美国发电量的 8%。随着技术发展,分布式能源系统升级到 CCHP 系统。2012 年,美国已完成工业化和城镇化,全国 3 738 座 CHP/CCHP 项目中约 95% 是小型项目,但其余的 198 个大型(>100 MW)项目装机总容量却占 65%。根据全球分布式能源(DER)技术报告数据,美国分布式发电方式包括天然气热电联供、中小水能、太阳能、风能、生物质能、垃圾发电等,2017 年热电联产总装机容量占全国发电量 15% 以上。其中,天然气热电联供为主,年发电量达 1 600 亿 kW·h,占总发电量的 4.1%。据美国能源部数据统计,截至 2018 年底,美国热电联产总装机容量为 8 109.44 万 kW,发电量占比达 19.43%。2000 年到 2018 年,美国热电联产规模增长到 57.37%,发电站数量达到 5 637 座。其中,以天然气为原料的热电联产装机容量达到 5 803.89 万 kW,占热电联产总装机容量的 71.57%;天然气项目占热电联产项目总数的 68.38%。美国能源部积极促进天然气为燃料的分布式能源系统,以这些系统为基础发展微电网,再将微电网连接发展成为智能电网。前瞻产业研究院《2018—2023 年中国分布式能源行业市场前瞻与投资战略规划分析报告》数据显示,美国热电联产技术以内燃机、蒸汽轮机、燃气轮机为主,约 46% 的热电联产项目采用小型内燃机,燃气-蒸汽联合循环占项目数量的 8%,占分布式发电总装机容量的 53%。全球大多数商用 DES 设备由美国制造。

在支持分布式发电的相关政策上,美国在 2001 年颁布了《关于分布式电源与电力系统互联的标准草案》,并通过了有关法令让分布式发电系统并网运行和向电网售电。美国能源部在 2005 年制定了国内微电网技术发展路线图,以 2005~2015 年为基础研究与示范应用期,2015~2020 年为微电网技术的应用发展期。2009 年,美国能源部大力推广智能电网和可再生能源的发展,分别减免和缩短了分布式冷热电联供系统投资税收和折旧年限,简化了分布式发电项目经营许可证审批程序。截至 2016 年,美国分布式冷热电联供系统已超过 6 000 座,总装机容量超过 90 GW,占全国发电总量的 14%,其中天然气分布式冷热电联供系统占 4.1%。除此之外,美国在分布式能源上还采用了可再生能源配额机制(RPS)等体系,为分布式能源提供了公平、公开的市场条件,在保证分布式能源的经济效益方面起到了重要的作用。

美国 DES 的快速发展,与其本身的电力供应格局和采取的措施息息相关。美国电力供需以小范围平衡为主,跨区电力交换少,而城市工业、商业、居住功能区域分割的空间布局决定了大多数 DES 项目的规模偏小。其先进的发电技术更是 DES 发展中不可或缺的一环。近年来,美国加大了推动可再生能源的分布式发电模式的力度。能源系统的调整,将极大推动经济增长和提高居民生活质量,同时最大限度地降低污染物的排放量。

2. 日本

在能源缺乏的日本,政府大力提倡能源节约、使用高效,十分重视 CCHP 技术的发展。从 20 世纪 70 年代开始,日本在北海道地铁站、新宿地区、东京瓦斯大楼等成功应用了 CCHP 系统项目,其中以东京新宿地区最为著名,随着该地区的能源供应系统的不断完善,20 世纪 90 年代初经扩充其成为世界规模最大且技术相对成熟的 CCHP 系统工程。根据相关统计,新宿地区 CCHP 系统节能率高达 33.5%。截至 2003 年,日本全国冷热电总装机容量达 6 503 MW,其中建筑项目 2 915 个,总装机容量 1 429 MW,其中 52.8% 的装机容量以城市燃气为燃料,主要应用类型为商场、酒店、医院、办公建筑、运动场所和区域供冷供热系统;工业联产项目共计 1 600 个,总装机容量 5 074 MW,燃料以重油和燃气为主,其中 30.7% 的容量以城市燃气为燃料,主要应用类型为食品加工、化学加工、制药、机械、电子设备和钢铁行业。

截至 2010 年底,日本商业和工业领域应用分布式能源项目的发电装机容量达到 9.44 GW,占发电容量总量的 3.4%。其中,商业项目为 6 319 个,主要用于医院、饭店、公共休闲娱乐设施等;工业项目为 7 473 个,主要用于化工、制造业、电力、钢铁等行业。2011 年 3 月,日本冷热电联供分布式能源系统总装机容量超过 9.40 GW,总数超过 8 500 个,其中天然气冷热电联供系统超过总装机容量的 48%,分布式能源占总能源的 14%。日本天然气冷热电联供发展规划预计到 2030 年,日本的天然气冷热电联供系统总装机容量将达到 1 100 万 kW,届时天然气冷热电联供的发电量将达到全国总发电量的 15%。

但是日本的天然气价格很高,燃气发电很不经济,因此其分布式发电以热电联产和太阳能光伏发电为主。截至 2012 年,总装机容量约为 36 GW,占全国发电总装机容量的 13.4%。截至 2016 年 3 月,日本国内基于热电联产的分布式能源系统总装机容量突破 10 GW,其中民用领域占 21%;总装机台数为 16 424 台,民用领域占 72%。日本计划在 2030 年前实现 DES 发电量占总电力供应的 20% 的目标。

日本制定了相关的法令和优惠政策保证该项事业的发展,有条件、有限度地允许这些分布式发电系统上网,通过优惠的环保资金支持分布式发电系统的建设,包括对城市分布式发电单位进行减税或免税;鼓励银行、财团对分布式发电系统出资、融资;修订《电力事业法》在内的一系列放宽管制的办法。

3. 欧洲各国

欧洲各国积极推行分布式能源系统,并采用可再生能源为主体的技术应用。截至 2004 年,欧盟共有 9 000 多套分布式冷热电联供系统,装机容量为 74 GW,占欧洲总发电量的 13%。其中,德国、丹麦和荷兰的分布式系统发电量分别占总发电量的 38%、53% 和 38%,这些系统以天然气为主,并与可再生能源发展紧密结合。

(1)丹麦。

20 世纪 80 年代中期,丹麦还以集中式发电为主,1999 年才开始进行电力改革并大力推广分布式能源系统。2005 年,分布式能源系统发电量约占丹麦全国发电总量的 50%,碳排放量比 20 世纪 90 年代减少了约 50%。2005 年 7 月,丹麦政府宣布计划铺设全球最长的智能化电网基础设施,这将使分布式能源系统成为丹麦主要的供电渠道。此外,根据世界分布式能源联合会(WADE)《2006 年分布式能源世界调查》中的数据可知,2006 年丹麦分布式能源发电量占全国总发电量的比例最高,达到 53%。2013 年,丹麦分布式能源的发电量占总发电量的 50.2%,供热量则占区域供热量的 63%。

丹麦的 CHP 技术的发展方向主要是规模化和传统煤燃料的转型。全丹麦 8 个互联的 CHP 大区的煤/电转化效率超过 50%,总效率高达 90%。丹麦政府先后出台了一系列鼓励 DES 的法律法规,如《供热法》和《电力供应法》,对 DES 予以鼓励、保护和支持,并制定补偿政策和优惠贷款。

(2) 英国。

英国自 1990 年开始发展 CCHP 系统,目前广泛应用在大型休闲娱乐中心、商业园区、医院、大学城等场所。虽然英国只有 6 000 多万人口,但却有 1 000 多座分布式能源站。英国与丹麦相同,1999 年开始逐步开放电力市场,分布式发电政策的制定更多地着眼于环保方面。除了支持可再生能源的政策外,还有许多支持 CHP 发展的政策。英国对 CHP 所用燃料免收气候变化税,免收企业的商业税,对现代化的供热系统提供支持。为调动各发电厂平衡自身发电量的积极性,其《新电力交易规则》对发电量做出了明确规定。英国自 2001 年 4 月 10 日起实施气候变化税,初步税率将使电费提高 0.43 便士/(kW·h),煤和燃气费提高 0.15 便士/(kW·h)。而分布式能源项目则不需要上缴气候变化税,预计可以节省 20% 的能源费用。同时,允许以热电联产为代表的分布式能源项目直接销售一定量的电力。英国政府机构能源与气候变化部(DECC)于 2008 年发布的《能源统计报告》指出,英国燃气发电机组总装机容量达到 5.47 GW,发电量占全国总发电量的 7%。2012 年,英国发电总装机容量为 89.2 GW,其中,燃气发电机组的比例占总装机容量的 28%。随着英国大力推广分布式能源系统,在过去 20 年中,在商贸中心、医院、学校、机场、写字楼等公共场所安装了超过 1 000 个分布式能源系统,其中包括英国政府机构的办公楼。因此,提高了能源综合利用效率。英国政府还要求,发电项目开发商在项目上报时要考虑分布式能源技术的可行性。英国商务能源与产业战略部(BEIS)于 2016 年发布的《英国能源生产展望报告》表明,天然气发电已占总发电量的 45%,英国 2025 年前要取消所有燃煤发电的火电厂。

(3) 德国。

德国在 2000 年颁布了《可再生能源法》,并已经多次修订,利用"灵活的电价调整机制"引导 DES 有序发展。2002 年,德国通过了新的《热电法》,鼓励、支持发展 CHP,对光伏装机进行大规模财政补贴。德国可再生能源装机以分布式能源特别是分布式光伏发电为主,是全球推广分布式光伏发电最成功的国家之一。但德国光照资源条件并不好,年平均有效利用小时数仅为 800 h 左右,同时受到土地利用、电网结构等方面的限制,光伏发电以分布式开发为主。截至 2017 年底,德国光伏发电装机容量达到 41.7 GW,主要应用形式为屋顶光伏发电系统。

国际能源署发布的德国能源政策评估报告中提到,截至 2018 年德国可再生能源电力占比已达 37.8%。2019 年德国光伏新增装机 4 GW,位列欧洲第二。

另外,德国拥有 300 多个 1 万 kW 以下的沼气和其他生物质能发电站。德国还先后制定、发布了接入中、低压配电网的分布式电源并网技术标准,从法律上明确严格的并网技术标准,确保公共电网的安全稳定,为分布式能源系统的市场推广扫除了技术障碍。2022 年 7 月上旬,德国通过了《复活节一揽子方案》,提出了德国电力行业 2030 年可再生能源在终端电能消费中的占比至少要达到 80%的目标。

德国作为欧洲最大的天然气 CCHP 系统应用国家,CCHP 系统的发电量占全国电力需求的 50%左右。德国政府致力于提高能源利用率,对于工作效率达到 70%以上的天然气冷热电联供系统,将免除燃气税和电力税。意大利的鼓励政策与德国类似,并且还免除了 CO_2 排放税。

(4)荷兰。

荷兰的大多数分布式发电厂是配电方和工业联合投资的,电力市场自由化加强了竞争。通过一些早期的激励政策,荷兰的 CHP 发电量迅速上升,包括政府投资津贴、发电公司购电义务、天然气优惠价等。1988 年,荷兰启动了冷热电联供系统激励计划,到 1998 年联供系统就由 2.7 GW 猛增到 7 GW,占总发电量的 48.2%。2000 年,荷兰采取了新一轮的措施来解决 CHP 机组面临的财政困难问题,包括增加能源投资补贴、免收管制能源税和相应的财政支持等。荷兰分布式能源占有率在整个能源系统中已经超过 40%。由于推广分布式能源,荷兰的废气排放量已经大大降低,而且能源的可靠性大大提高,能源消费的价格也大大降低。

欧洲各国 DES 的发展有赖于政策支持,集中在有计划的市场定价、发展目标、标准规范三个方面。此外,组织、成员国合作开展微电网计划,建立不同规模的微电网实验平台,进一步推进 DES 的发展和应用。

4.3.2 国内发展现状

1. 发展趋势

和国外相比来说,由于国内能源结构复杂、价格体系多样及管理机制不同等问题,我国冷热电联供系统的研究与应用起步相对较晚,应用范围及发展规模不足,可以预见在今后几十年内,我国主要能源系统依然会是集中式供能。近年来,随着天然气管网覆盖率的提高、天然气利用技术的不断完善,在国家的鼓励政策颁布、国民环保意识增强及各界专家学者大力支持和推广之下,我国分布式 CCHP 系统的建设已在各地发展起来,且在北京、上海、广东等地区已有很多应用和示范。天然气是我国分布式能源系统的战略资源。

北京燃气集团大楼的分布式能源系统,在2008年即能满足80%的冷、热负荷,与常规能源利用方式相比一次能源节约率约为17%,年节省费用约90万元。成都深蓝绿色能源中心的联供系统年节省费用约410万元。2011年10月国家能源局出台的《关于发展天然气分布式能源的指导意见》中提出了"十二五"的主要任务:初期启动一批天然气冷热电三联供能源示范项目,"十二五"期间建设1 000个左右分布式能源站,选择其中10个左右作为典型的能源示范区域。国内典型分布式能源站配置概况见表4.1。

表4.1 国内典型分布式能源站配置概况

项目名称	说明
清华节能大楼	采用1台30 kW的斯特林发动机,1台70 kW卡特比勒内燃机
广州大学城	FT8-3双联燃气轮机机组,三压余热锅炉,抽凝式汽轮机,补汽式汽轮机 冬季从抽凝式汽轮机抽气满足热负荷要求;夏季低压蒸汽可以向补气式汽轮机补气多发电
北京燃气大厦	采用1台G3508,1台G3512燃气内燃机,2台余热直燃型溴化锂制冷机 额定发电量为480 kW、725 kW,额定制冷量为1 163 kW、2 326 kW,额定供热量为901 kW、1 799 kW
北京中关村软件园软件广场	1台1 200 kW燃气轮机,1台2 908 kW余热直燃型溴化锂制冷机
上海舒雅良子休闲中心	2台VOLVO HIW-210柴油发电机,1运1备。1台余热锅炉,利用发电机排烟余热供应65 ℃热水
上海黄浦医院	2台Satum T1501小燃机,2台溴化锂吸收式制冷机组,2台燃油锅炉
上海浦东国际机场	1台400 kW燃气轮机,1台9.7 t/h余热锅炉,4台辅助燃油燃气锅炉,2台溴化锂制冷机
上海闵行中心医院	1台400 kW燃气内燃机,1台350 kg/h余热蒸汽锅炉
成都深蓝绿色能源中心—美好花园	8台500 kW的天然气发电机组,4台700 kW的柴油发电机组

现今,DES已由理论探讨阶段进入工程开发阶段,政府也已采取了相应的政

策措施,但相关政策尚不完善,仍存在很大的改进空间。很多投入运行的 DES 项目体现出良好的节能、经济和环境效益,如上海的浦东国际机场、黄埔中心医院、闵行区中心医院和北京的首都国际机场等。我国的天然气分布式能源系统基本上都是从 2002 年开始发展的,发展的脚步始终较为缓慢,目前仍处于初级发展阶段。在我国的北京、上海、广州、四川等省市开发区、宾馆、交通枢纽、大学等已投运一批示范工程。截至 2020 年,全国在建天然气分布式能源项目超过 300 个,总装机容量超过 1 200 万 kW,主要分布在上海、江苏、浙江等长三角地区。全国已建成天然气分布式能源项目采用原动机组约 240 台,其中 80% 的动力设备为燃气轮机,主要供应工业园区、游乐园区等冷、电及蒸汽需求较稳定的用户;总装机规模的 18% 采用燃气内燃机为动力设备,主要满足酒店、医院和数据中心等负荷较小且波动范围较大的用户需求;微燃机装机规模很小,主要用于小规模的独栋公共建筑。

2. 现有推广政策

中国电机工程学会热电专业委员会、中国动力工程学会节能分会等学术团体曾先后数次组织了全国性的有关 CCHP 的讨论会。早在 2000 年,我国便出台了《关于发展热电联产的规定》,这是我国发展分布式能源体系的标志性文件,明确了"统一规划、分步实施、以热定电和适度规模"的发展原则,鼓励使用清洁能源,发展 CCHP 技术以提高热能综合利用率。中华人民共和国国家发展与改革委员会、国家能源局先后颁布了我国有关天然气分布式能源发展的多项政策:《天然气利用政策》《关于发展天然气分布式能源的指导意见》《关于下达首批国家天然气分布式能源示范项目的通知》《天然气利用政策》《天然气发展"十三五"规划》等。

分布式能源系统是我国"十二五"规划的重点。《国民经济和社会发展第十二个五年规划纲要》明确指出,"十二五"期间加强并网配套工程建设,有效发展风电,积极发展太阳能、生物质能等其他新能源,促进分布式能源系统的推广应用。"十二五"发展规划中提出要促进天然气产量快速增长,推进煤层气、页岩气等非常规油气资源的开发利用,促进分布式能源系统的推广应用。2011 年 8 月,《"十二五"节能减排综合性工作方案》提出,2015 年我国节能减排压力较大,发展热电联产、推广分布式能源是加强工业节能减排的重要举措。分布式能源系统的发展是我国经济可持续发展的重要战略之一。2011 年,国家能源局下发《关于发展天然气分布式能源的指导意见》,计划"十二五"期间将建设 1 000 个左右天然气分布式能源项目,到 2020 年在全国规模以上城市推广使用分布式能源系统,装机容量达到 5 000 万 kW。随着智能电网建设的节奏加快,必将有效解决分布式能源并网的技术难题。《能源发展"十三五"规划》指出,天然气在一次能源消费结构中的占比预计在2030年达到15%，"十三五"期间天然气消费年均增速达到13%。而且，随着"十三五"期间国家一系列鼓励发展天然气分布式能源政策的出台，我国天然气分布式能源已由冷热电三联供逐步向能源耦合供应模式发展，融合区域内地热能、太阳能、生物质等可再生能源，以天然气分布式能源稳定、调节灵活的优势弥补了地热能、太阳能等可再生能源不连续、不稳定的缺点，同步提高了可再生能源的利用比例和化石能源的利用效率。

在电网方面，2010年8月，国家电网制定了《分布式电源接入电网技术规定》，从政策层面为分布式能源系统接入电网扫清了障碍。2013年2月27日，国家电网正式发布《关于做好分布式电源并网服务工作的意见》，出台了一系列标准和细则，包括适用范围、一般原则和并网服务程序等，优化并网流程，简化并网手续，提升服务效率。《关于推进"互联网+"智慧能源发展的指导意见》和《关于推进新能源微电网示范项目建设的指导意见》文件已经出台。分布式能源和储能系统将成为智慧能源系统的重要组成部分，智能微电网是能源互联网发展的重要形式。能源互联网将大量分散的分布式能源连接起来，能量流与信息流双向流动，实现"横向多能源体互补，纵向源－网－荷－储协调"，提高能源利用效率，推动节能减排。

4.3.3 发展前景及制约因素

由于分布式能源系统的初投资大，要用好燃料，同时要有比较稳定的冷、热、电用户（主要是第三产业和住宅用户），要求具有环保性能较好的特点等，因此它在我国比较适合应用的地区显然是经济比较发达的地区。从地域分布来说，主要是珠江三角洲、长江三角洲、环渤海地区等经济高速发展的地区，也是应该"先环保起来"的地区。另外，分布式能源系统既然是"分布"，也就是说与大电厂、大电网不一样，不是由一小批经验丰富的技术人员集中运行管理，而是采用分散式运行管理，这就要求使用区域的总体科技文化水平和素养较高。

上述看法并不是说其他地方就不能装配使用分布式能源系统，只是对最先发展它的可能区域做了一个判断。其他地方，例如在天然气产地附近、天然气价格特别便宜的地方，分布式能源系统的应用可能也会是适合的。就如同经济上"先富起来"，应该带动其他地方"共同富裕"一样，分布式能源系统在"先富起来"的地区发展了，也会以其取得的成效与经验带动这种系统在其他地方发展起来。不过，虽然分布式能源系统是能源利用的一个新的发展方向，但在可预见的较长一段时间内，大电厂与大电网仍会是我国电力供应的主流。

天然气以其清洁、环保、高品质等优势成为分布式能源系统燃料源的首选，但只有北京市天然气的供应最有保障，上海、广东等地都非常紧张，国内气价也存在长期上涨的趋势。燃料市场未来风险和不确定性使推广应用分布式能源系统可能存在危机。

因为分布式能源是新技术,有管理和维护经验的当地工程师及高级技工较少,运行维护设备的人工成本不容小觑;同时,由于主机是进口设备,定期检查、替换、维修系统部件及易耗品价格也不菲。当然,运行与维护成本只占整个分布式能源系统的电力成本很低的比例,如微型燃气轮机一年通常只做1~2次保养,平均维护成本为0.5~1.6美分/(kW·h)。

综上所述,我国最适合发展应用分布式能源系统的地区是经济发展速度较快的地区;天然气品质与价格制约着该技术的发展;经济效益因素是用户应用DES需要考虑的因素,卓越的经济性会给用户提供信心和驱动力,但经济性的分析一定要参考实际的运行环境并全面考虑细节。

4.4 分布式能源系统评价方法

分布式能源系统可同时供应电能、热能和冷能,是集多种能量形式产出的复杂供能系统,对分布式能源系统进行准确有效的评价是进行系统改进优化的重要依据,也是当前研究的热点之一。目前,对分布式能源系统的评价研究主要从热力学、经济性、环保性及综合评价这4个方面进行。

4.4.1 热力学评价

分布式能源系统的热力学评价方法主要包括热量分析法和㶲分析法。热量分析法是基于热力学第一定律的关于输入燃料的化学能在"数量"上的利用程度的分析方法,通常采用一次能源利用率进行评价。㶲分析法则结合热力学第一、第二定律,分析能量可利用的程度,通常采用㶲效率进行评价。

1. 热量分析法

分布式能源系统输出能量(收益)与输入一次能源量(付出)之比称为一次能源利用率。对于采用以热定电方式的分布式能源系统,用户往往需要使用部分市电。设定市电由燃煤发电厂生产,一次能源利用率 η_t 的计算式为

$$\eta_t = \frac{E_p + E_s + Q_h + Q_c}{V_g Q_L + Q_s} \tag{4.1}$$

$$Q_s = \frac{E_s}{\eta_{cp}(1-\eta_w)} \tag{4.2}$$

式中,η_t 为以热定电方式下分布式能源系统的一次能源利用率;E_p 为分布式能源系统发电量(为方便表达,将电量的单位 kW·h 折算成 J),J;E_s 为用户使用的市电量,J;Q_h 为分布式能源系统输出的热量,J;Q_c 为分布式能源系统输出的冷量,

J;V_g 为天然气消耗量,m^3;Q_L 为天然气低热值,J/m^3;Q_s 为用户使用的市电量消耗的燃煤热量,J;η_{cp} 为火电厂发电效率;η_w 为电网输电线损率。

若分布式能源系统采用以电定热方式设计运行,一次能源利用率 $\eta_{t,1}$ 的计算式为

$$\eta_{t,1}=\frac{E_p+Q_h+Q_c}{V_g Q_L} \tag{4.3}$$

式中,$\eta_{t,1}$ 为以电定热方式下分布式能源系统的一次能源利用率。

2. 㶲分析法

用一次能源利用率评价分布式能源系统,仅注重能量输出与输入在数量上的比,没有考虑分布式能源系统输出的电能、热量和冷量的品位不同,而㶲分析法将不同品位的能转化为同质能进行分析,评价结果更加合理。对于分布式能源系统这样的开口系统,㶲效率为分布式能源系统的收益㶲与支付㶲之比,收益㶲与支付㶲应视分布式能源系统具体系统配置与输入、输出能量形式进行计算。

4.4.2 经济性评价

分布式能源系统经济性评价结果是实际应用中最重要的依据,也是各评价指标中最受关注的一项,通常采用费用年值、增量投资回收期两项经济性评价指标。

1. 费用年值

年运行费用通常指分布式能源系统正常运行时每年需要的全部费用。以采用以热定电方式的分布式能源系统为例,年运行费用主要包括燃料费、系统维护费、人工费及系统供能不足时所需补充的购电费用。在分析比较不同配置的分布式能源系统,或者比较分布式能源系统与传统分供系统的经济性时,单纯采用年运行费用往往不能反映系统造价、使用寿命对系统经济性的影响。因此,可以采用费用年值法(费用年值法是指把系统造价等值折算为年值后再与年运行费用相加,取最小者为最经济方案的一种评价方法)对不同系统的经济性进行评价。费用年值 F 的计算式为

$$F=\frac{c_{sys}i(1+i)^n}{(1+i)^n-1}+f \tag{4.4}$$

式中,F 为费用年值,元/年;c_{sys} 为系统造价,元;i 为基准收益率;n 为使用寿命,年;f 为系统年运行费用,元/年。

费用年值法可以在保证满足用户冷热电负荷的前提下计算各方案的费用年值,最小的方案即为经济性最优方案。

2. 增量投资回收期

工程中常针对以下两种情况进行经济性分析,以评价与传统分供系统相比

分布式能源系统是否具有经济性。一种是将传统分供系统改造成分布式能源系统,以下称为改建情况;另一种是为新建项目选择供能方案,以下称为新建情况。对于这两种情况,往往通过计算增量投资回收期,评价分布式能源系统是否具有经济性。增量投资回收期是指增量净收益或运行成本的节约量抵偿增量投资的时间,是反映系统实际应用中投资回收能力的重要指标,能从整体上比较不同系统方案的经济性。

对于改建情况,增量投资回收期 t_{re} 的计算式为

$$t_{re} = \frac{c_{re}}{f_{tr} - f_{dis}} \tag{4.5}$$

式中,t_{re} 为改建情况的增量投资回收期,年;c_{re} 为改建成分布式能源系统的增量投资,元;f_{tr} 为传统分供系统的年运行费用,元/年;f_{dis} 为分布式能源系统的年运行费用,元/年。

对于新建情况,增量投资回收期 t_{new} 的计算式为

$$t_{new} = \frac{\Delta c_{sys}}{f_{tr} - f_{dis}} \tag{4.6}$$

式中,t_{new} 为新建情况的增量投资回收期;Δc_{sys} 为与传统分供系统相比,分布式能源系统的增量投资,元。

4.4.3 环保性评价

能源利用所引起的环境问题主要是由燃烧煤、石油、天然气等一次能源所排放的烟尘、硫化物、CO_2、NO_x 等造成的。分布式能源系统排放的主要是燃烧天然气所产生的污染物,而天然气燃烧产生的烟尘和硫化物很少,可忽略不计,因此 CO_2、NO_x 排放量是分布式能源系统环保性的重要评价指标。与传统分供式系统相比,分布式能源系统 CO_2 减排率 R_{CO_2} 的计算式为

$$R_{CO_2} = \frac{m_{tr,CO_2} - m_{dis,CO_2}}{m_{tr,CO_2}} \tag{4.7}$$

式中,R_{CO_2} 为与传统分供式系统相比,分布式能源系统 CO_2 的减排率;m_{tr,CO_2} 为传统分供式系统的 CO_2 年排放量,t/年;m_{dis,CO_2} 为分布式能源系统的 CO_2 年排放量,t/年。

与传统分供式系统相比,分布式能源系统 NO_x 减排率 R_{NO_x} 的计算式为

$$R_{NO_x} = \frac{m_{tr,NO_x} - m_{dis,NO_x}}{m_{tr,NO_x}} \tag{4.8}$$

式中,R_{NO_x} 为与传统分供式系统相比,分布式能源系统 NO_x 的减排率;m_{tr,NO_x} 为传统分供式系统的 NO_x 年排放量,t/年;m_{dis,NO_x} 为分布式能源系统的 NO_x 年排放量,t/年。

与经济性评价相比,目前国内对分布式能源系统的环保性评价重视程度还不够,分布式能源系统的环境效益还没有得到充分认识。随着国家对环境问题的日益重视,极有可能在不久的将来大力推行碳排放交易权政策来鼓励企业节能减排,这会使得分布式能源系统的环境效益转化为经济效益,也预示着供能系统的碳排放量会成为重要的评价指标。

4.4.4 综合性评价

采用特定的评价方法,可分析研究分布式能源系统在特定方面的性能。而分布式能源系统的综合性评价是对天然气需求、利用效率、利用潜力等的综合评估,能从整体上评价分布式能源系统的性能,从而优化系统的设计选型及指导系统的投资应用。

在综合评价法中最常用的是由皇甫艺等人提出的层次分析法和灰色关联度相结合的多指标综合评价法,在此基础上,张涛等人通过加入评价指标的信息熵改进了皇甫艺等人提出的多指标综合评价法,并提出了熵权综合评价法,通过评价指标归一化和确定熵权来确定分布式能源系统方案的综合价值,这里主要介绍熵权综合评价法。

1. 评价指标归一化处理

将 m 个系统方案记为 $Y=(y_1,y_2,\cdots,y_i,\cdots,y_m)$。每种方案均有 n 个评价指标,记为 $X=(x_1,x_2,\cdots,x_j,\cdots,x_n)$。用 $a_{ij}(i=1,2,\cdots,m;j=1,2,\cdots,n)$ 表示方案 y_i 所对应的第 j 个评价指标 x_j。可以得到 m 个方案与 n 个评价指标组成的指标矩阵 $\mathbf{A}=(a_{ij})m\times n$,即

$$\mathbf{A}=\begin{pmatrix} a_{11} & a_{12} & \cdots & a_{1n} \\ a_{21} & a_{22} & \cdots & a_{2n} \\ \vdots & \vdots & & \vdots \\ a_{m1} & a_{m2} & \cdots & a_{mn} \end{pmatrix} \tag{4.9}$$

式中,$\mathbf{A}$ 为指标矩阵;a_{mn} 为第 m 个方案的第 n 个评价指标。

对于正评价指标(即该评价指标值越大,性能越优)的标准化计算式为

$$b_{ij}=\frac{a_{ij}-\min x_j}{\max x_j-\min x_j} \tag{4.10}$$

式中,b_{ij} 为第 i 个方案、第 j 个评价指标的标准化评价指标;a_{ij} 为第 i 个方案、第 j 个评价指标值;$\min x_j$ 为在所有方案中第 j 个指标的最小值;$\max x_j$ 为在所有方案中第 j 个指标的最大值。

对于负评价指标(即该评价指标值越小,性能越优)的标准化计算式为

$$b_{ij}=\frac{\max x_j-a_{ij}}{\max x_j-\min x_j} \tag{4.11}$$

将评价指标矩阵 A 中的元素 a_{ij} 由 b_{ij} 替换,可得到标准化指标矩阵 B。在得到标准化指标矩阵 B 的基础上,对 B 进行归一化处理,得到归一化矩阵 P。归一化矩阵中各元素 P_{ij} 的计算式为

$$P_{ij} = \frac{b_{ij}}{\sum_{j=1}^{n} b_{ij}} \tag{4.12}$$

2. 评价指标信息熵

某评价指标的信息熵越小,则说明该评价指标的变异程度越大,所提供的信息量越多,说明该评价指标在综合评价中所起到的作用越大,即该评价指标的权重越大。第 j 个评价指标的信息熵 e_j 的计算式为

$$e_j = \frac{\sum_{i=1}^{m} P_{ij} \ln P_{ij}}{\ln m} \tag{4.13}$$

3. 熵权及综合评价结果

第 j 个评价指标熵权 ω_j 的计算式为

$$\omega_j = \frac{1 - e_j}{\sum_{j=1}^{n}(1 - e_j)} \tag{4.14}$$

第 i 个系统方案的综合评价结果 V_i 的计算式为

$$V_i = \sum_{j=1}^{n} \omega_j P_{ij} \tag{4.15}$$

根据综合评价结果 V_i 可比较各系统方案综合性能的优劣,V_i 越大,越说明该系统方案综合性能越好。除熵权综合评价法外,目前还有其他多种综合性评价方法。通过分析比较发现,对于同一个分布式能源系统,不同的综合性评价方法的评价结果也不同。主要原因为评价指标选取不统一,不同评价指标的权重分配不同。宜建立相关标准,将综合性评价所要考虑的评价指标及其权重分配纳入标准中,让综合性评价具有规范统一的实施依据,使评价结果更客观、可靠。

下面从热力学、经济性、环保性和综合性 4 个方面介绍分布式能源系统的评价方法。热力学评价方法比较成熟。与热量分析法(评价指标为一次能源利用率)相比,㶲分析法(评价指标为㶲效率)可将不同品位的能转化为同质能进行分析,评价结果更加合理。经济性评价最受重视,也是分布式能源系统实施工业应用的重要依据。随着国家对环境保护的关注,环保性评价将日益受到重视。综合性评价可从整体上评价分布式能源系统的性能,但评价体系尚不成熟。

本章参考文献

[1] 华贲. 天然气分布式供能与"十二五"区域能源规划[M]. 广州:华南理工大学出版社,2012.
[2] 朱晓军,牛小丹,张超,等. 天然气分布式能源系统综合经济评价研究[J]. 科技和产业,2014,14(4):60-64.
[3] 陈曦. 分布式能源系统在工业联产中的应用研究[D]. 北京:华北电力大学,2017.
[4] 肖钢,张敏吉. 分布式能源:节能低碳两相宜[M]. 武汉:武汉大学出版社,2012.
[5] 李彪铭,孔令令. "双碳"背景下分布式能源发展前景[J]. 产业创新研究,2022(9):8-10.
[6] 郭洪宾,于惠钧,申广. 分布式能源系统配置优化[J]. 分布式能源,2018,3(4):47-52.
[7] 金红光,郑丹星,徐建中. 分布式冷热电联产系统装置及应用[M]. 北京:中国电力出版社,2010.
[8] 金红光,林汝谋. 能的综合梯级利用与燃气轮机总能系统[M]. 北京:科学出版社,2008.
[9] 王栋. 分布式能源系统现状分析与探讨[J]. 上海节能,2016(12):653-656.
[10] 张东霞,姚良忠,马文媛. 中外智能电网发展战略[J]. 中国电机工程学报,2013,33(31):1-15.
[11] 顾志祥,孙思宇,孔飞,等. 燃气冷热电分布式能源系统设计优化综述[J]. 华电技术,2019,41(3):8-13,42.
[12] 代宪亚. 天然气冷热电联供能源系统运行优化研究[D]. 上海:上海电力学院,2017.
[13] 宋少华. 冷热电分布式供能系统方案研究及性能仿真[D]. 大连:大连理工大学,2013.
[14] 李政义. 动态负荷下天然气冷热电联供系统运行优化[D]. 大连:大连理工大学,2011.
[15] 闫晓娟. 燃气轮机冷热电联供系统性能及运行优化研究[D]. 上海:东华大学,2012.
[16] 郑卫东. 分布式能源系统分析与优化研究[D]. 南京:东南大学,2016.
[17] WU D W, WANG R Z. Combined cooling, heating and power: A review

[J]. Progress in Energy and Combustion Science, 2006, 32:459-495.

[18] 冉娜. 国内外分布式能源系统发展现状研究[J]. 经济论坛, 2013(10): 174-176.

[19] MAGO P J, HUEFFED A K. Evaluation of a turbine driven CCHP system for large office buildings under different operating strategies [J]. Energy and Buildings, 2010, 42:1628-1636.

[20] 安青松. 基于燃气轮机的冷热电三联供系统优化模拟[D]. 天津:天津大学, 2004.

[21] 薛志峰. 超低能耗建筑技术及应用[M]. 北京:中国建筑工业出版社, 2005.

[22] 刘丽红, 袁益超, 刘聿拯. 分布式供能的现状与发展[J]. 热力发电, 2006(7):4-7.

[23] 刘道平, 马博, 李瑞阳, 等. 分布式供能技术的发展现状与展望[J]. 能源研究与信息, 2002, 18(1):1-9.

[24] 徐建中. 科学用能与分布式能源系统[J]. 中国能源, 2005, 27(8):10-13.

[25] 高赛赛, 张雪梅, 郭甲生, 等. 分布式能源系统的评价方法[J]. 煤气与热力, 2018, 38(1):1-5.

[26] 冯志兵, 金红光. 冷热电联产系统的评价准则[J]. 工程热物理学报, 2005, 26(5):725-728.

[27] 曹艳锋. 冷热电联产系统的评价指标及应用分析[J]. 建筑热能通风空调, 2012, 31(6):59-61.

[28] 侯晓勇, 梁亚红. 楼宇型天然气冷热电联产系统经济性分析[J]. 暖通空调, 2016, 46(2):24-27, 120.

[29] 郁洁. 多元影响因素下的冷热电联产系统经济性分析[D]. 南京:东南大学, 2015.

[30] 付林, 江亿. 采用增量法的BCHP系统经济性分析[J]. 热能动力工程, 2008, 23(5):490-493, 555.

[31] 皇甫艺, 吴静怡, 王如竹, 等. 冷热电联产CCHP综合评价模型的研究[J]. 工程热物理学报, 2005, 26(A1):13-16.

[32] 张涛, 朱彤, 高乃平, 等. 分布式冷热电能源系统优化设计及多指标综合评价方法的研究[J]. 中国电机工程学报, 2015, 35(14):3706-3713.

[33] 张伟. 天然气CCHP与江水源热泵复合系统运行性能及优化策略研究[D]. 重庆:重庆大学, 2019.

[34] 刘权. 耦合可再生能源的CCHP系统集成优化与运行特性[D]. 济南:山东大学, 2022.

[35] 冯乐军. 分布式冷热电联供系统协同集成与主动调控方法研究[D]. 北京:

清华大学,2019.

[36] 詹天津,谢玉荣,王世朋,等. 中国天然气分布式能源发展现状研究[J]. 上海电力大学学报,2021,37(6):546-550.

[37] 付佳鑫,刘颖琦. 我国天然气分布式能源发展现状及思考[J]. 节能,2020,39(10):113-114.

第5章 城市燃气供应与输配系统

通常,燃气是一切可以燃烧的气体的总称。改革开放初期,城市燃气体系发生了翻天覆地的变化,形成了拥有煤制气、油制气、液化石油气、天然气的生产供应体系。随着改革开放的深入和市场经济的发展,以及对环境问题的关注,城市燃气逐渐被天然气所取代,国内的许多城市都相继完成了天然气化。城市燃气供应与输配系统是指向民用、商业(含公共建筑)及工业企业用户、燃气发电(分布式发电系统)等用户供应燃气作为炊事、热水、采暖空调、生产加工工艺和发电用燃料的工程系统。

5.1 燃气的种类

通常情况下,城镇燃气是一种由可燃气体与非可燃气体组成的混合气体。常见的可燃气体有氢气(H_2)、一氧化碳(CO)、碳氢化合物(C_mH_n)、硫化氢(H_2S)等,不可燃组分主要是指二氧化碳(CO_2)、氮气(N_2)和氧气(O_2)等。

燃气组分的差异会引起燃气燃烧特性的变化。《城镇燃气分类和基本特性》(GB/T 13611—2018)中规定了我国城镇燃气的分类原则、特性指标计算方法、燃气类别和特性指标要求等。城镇燃气应该按照燃气类别及其燃烧特性指标进行分类,并应控制其波动范围。将燃气按照来源和生产方式进行分类,大致可以分成四大类:天然气、人工燃气、液化石油气和生物气。可以作为城镇燃气气源供应的主要是天然气和液化石油气,人工燃气将逐步被这两种燃气所取代;生物气主要指的是沼气,目前主要作为乡村的气源使用。

5.1.1 天然气

天然气是指天然蕴藏于地层中的,能够直接收集和开采的由烃类和非烃类组成的混合气体。其主要成分为低分子烷烃,也含有少量的 CO_2、硫化物和 N_2 等。由于气源不同,天然气的具体成分也会有一定差异。另外,天然气既是制取合成氨、炭黑、乙炔等化工产品的原料气,又是优质燃料气,是一种理想的城市气源。根据目前的勘探、开采及开发、应用技术程度等因素,天然气可分为常规天然气和非常规天然气两大类。

常规天然气是指在目前的技术条件下能够作为资源进行开采和利用的天然

气。常规天然气根据气藏类型的不同,一般可分为:从气井开采出来的气田气(也称纯天然气);伴随石油一起开采出来的石油气(也称石油伴生气);含石油轻质馏分的凝析气田气。非常规天然气是指在现有的技术水平下还不能大范围地开发、利用的天然气资源。煤层气与矿井气、页岩气、天然气水合物等这几类天然气目前都属于非常规天然气。

①气田气(纯天然气):组分以甲烷为主,体积分数为80%~98%,还含有少量的二氧化碳、硫化氢、氮和微量的氦、氖、氩等气体。

②石油伴生气:石油伴生气是指与石油共生的、伴随石油的开采而一起开采出来的天然气,分为气顶气和溶解气两类。气顶气是不溶于石油的气体,为保持石油开采过程中一定的井压,一般不随便开采;溶解气是指溶解在石油中并伴随石油开采而得到的气体。石油伴生气主要成分是甲烷、乙烷、丙烷、丁烷,还有少量的戊烷和重烃,甲烷的体积分数为80%左右,乙烷、丙烷和丁烷等含量约为15%。石油伴生气的热值一般为 48 MJ/m^3。

③凝析气田气:甲烷的体积分数约为75%,还含有 2%~5% 的戊烷及戊烷以上的碳氢化合物。凝析气田气开采出来后,一般经减压降温,分为气、液两相,分别进行输送、分配和使用。

④煤层气与矿井气:煤层气又称煤层甲烷气或煤田气,是煤层形成过程中经过生物化学和变质作用,以吸附或游离状态存在于煤层及岩层中的一种可燃气体。其成分以甲烷为主(通常占90%以上),还有少量的二氧化碳、氮、氢及烃类化合物。在煤层开采过程中,巷井中的煤层气与空气混合形成气体,成为矿井气或矿井瓦斯。其主要成分为甲烷(30%~55%)、氮气(30~55)、氧气及二氧化碳等,低热值约为 18 MJ/m^3。

⑤页岩气:页岩气是从页岩层中开采出来的天然气,通常是以吸附或游离状态存在于暗色泥页岩或高碳泥页岩中。由于页岩气储层的渗透率低,因此其开采难度较大。

天然气水合物是天然气与水在低温高压条件下形成的类冰状的笼形结晶化合物,由于遇火即可燃烧,因此俗称可燃冰。天然气水合物通常用 $M·nH_2O$ 表示,式中的 M 表示笼形结构中的客体分子,n 为水合指数。由于形成天然气水合物的主要气体为甲烷,甲烷含量超过99%的天然气水合物通常称为甲烷水合物。在标准状态下,每立方米天然气水合物可分解、释放出 160~180 m^3 的气态天然气。天然气水合物在地球上分布广泛,储量巨大。但是在其开采过程中,应最大限度地减少对环境和气候的影响。

5.1.2 液化石油气

液化石油气是开采天然气和石油或炼制石油过程中,作为副产品获得的一部分碳氢化合物,其主要成分是丙烷(C_3H_8)、丙烯(C_3H_6)、丁烷(C_4H_{10})和丁烯(C_4H_8),习惯上又被称为C_3、C_4。这些碳氢化合物在常温常压下呈气态,当压力升高或温度降低时转变为液态。从气态到液态,其体积缩小为原体积的1/250~1/300,气态液化石油气的低热值为87.8~108.7 MJ/m^3,液态液化石油气的低热值为48.1 MJ/kg。

当液化石油气从气、油田的开采中获取时,称为天然石油气;当液化石油气从石油炼制或加工的过程中作为副产品提取时,称为炼厂石油气。目前我国城镇供应的石油气主要是后者。在天然气长输管线还未能到达的城镇,液化石油气将会是管输天然气很好的补充气源。

5.1.3 人工燃气

人工燃气是指以固体或液体为原料,经过各种热加工所生产的,并且符合现行国家标准《人工煤气》(GB/T 13612—2006)质量要求的可燃气体。根据制气原料、生产方法与工艺及其生产设备的不同,可获得多种类型的人工燃气,一般可分为干馏煤气、固体燃料气化煤气、油制气三大类。

5.2 燃气负荷与供需平衡

燃气年用气量是进行燃气输配系统设计的基础条件之一。根据燃气年用气量和用气的不均匀情况,才能得到用以确定管网和设备通过能力的计算流量。年用气量主要取决于用户的类型、数量及用气量指标。

5.2.1 燃气负荷与用户类型

(1)燃气负荷。

早期的城市燃气主要用于照明,后来逐渐扩展到用于炊事及生活用热水的加热,然后再扩展到工业领域,如用作工业燃料(热加工)和化工原料。上述这些燃气系统终端用户对燃气的需求用气量形成了燃气系统最基本的负荷,即燃气用气负荷,简称燃气负荷,也就是常说的燃气用气量、燃气需用量。

燃气负荷或燃气用气量以用气时间长短划分,有年需用量、月(或季度)需用量、日(或小时)需用量等。由于燃气负荷的影响因素众多,并与时间的长短有关,因此,燃气负荷的内涵实际上包括了两个方面的内容:一是燃气的需求用气量,二是燃气用气的不均匀性。

(2)用户类型。

①居民用户。居民用户是城镇燃气供应的基本用户,主要用于炊事和生活

用热水的加热。居民用户的用气特点是:单户用气量不大,用气随机性较强,居民用户的用气量受季节、气候、户内燃气设备的类型、户内人口数等因素的影响。居民用户是必须保证连续稳定供气的用户。

②商业用户。商业用户也是城镇燃气供应的基本用户。商业用户是指用于商业或公共建筑制备热水或炊事的燃气用户,此类用户包括餐饮业、幼儿园、医院、宾馆酒店、洗浴、洗衣房、超市、机关和科研机构等。商业用户的用气特点是:用气量不大,用气比较有规律。通常,商业用气和社会经济发展状况有很大的关系,第三产业发展迅速会导致对燃气有更大的需求。

③工业用户。工业用户主要将燃气用于生产工艺的热加工。工业用户的用气特点是:用气比较有规律,用气量较大,而且用气比较均衡。在供气不完全满足需要时,还可以根据供气情况要求工业用户作为缓冲用户在规定的时间内停气或减少用气。当采用天然气作为城镇燃气气源且气源充足时,应大力发展工业用户。工业用户用气较稳定,且燃烧过程易于实现自动控制,是理想的天然气用户。当配用适合的多燃料燃烧器时,工业用户还可以作为天然气供应系统的缓冲和调峰用户。因此,在可能的情况下,城镇天然气用户中应尽量包含一定量的工业用户,以提高天然气供应系统的设备利用率,降低天然气输配成本。因此,工业与民用燃气的用气量,如果具有适当的比例,将有利于平衡城镇燃气的供需矛盾,减少储气设施的设置。

④其他扩展用途用户。随着天然气气源的不断开发和利用,天然气用户也在逐渐发展。此类用户包括以燃气作为燃料进行的集中采暖与单户独立采暖用户,燃气空调用户,以燃气作为汽车、船舶动力燃料的用户,以燃气作为燃料的电站或分布式能源系统的用户。另外,在化工生产中,天然气还可以作为原料气,生产化肥、甲醇或炭黑等化工产品;在农业生产中,燃气可以用于鲜花和蔬菜的暖棚种植、粮食烘干与储藏、农副产品的深加工等。此外,燃气燃料电池的研究和开发也在进行之中,技术正在不断成熟和完善。总之,燃气的用途和燃气用户的类型都在不断发展和扩大。

5.2.2 燃气需用工况

城镇燃气各类用户的用气情况是不均匀的,它随月、日、时而变化,这是城镇燃气用气的一个显著特征。用气不均匀性是确定城镇燃气输配系统中燃气调度气总容量与储气容积的重要因素。用户用气不均匀的情况可用季节或月不均匀性、日不均匀性、小时不均匀性描述。城镇燃气管道的小时计算流量,应按计算月的小时最大用气量计算。

(1)月用气工况。

影响月用气工况的主要因素是气候条件,在冬季一般各类用户的用气量都会增加。居民生活及商业用户加工食物、生活热水的用热会随着气温降低而增加;而工业用户即使生产工艺及产量不变,由于冬季炉温及材料温度降低,生产用热也会有一定程度的增加。采暖与空调用气属于季节性负荷,只有在冬季采暖和夏季使用空调时才会用气。显然,季节性负荷对城镇燃气的季节或月不均匀性影响最大。

一年中各月的用气不均匀情况可用月不均匀系数 K_m 表示,K_m 是月用气量与全年平均月用气量的比值,但它并不准确,因为每个月的总天数不同,在 28～31 天的范围内变化。因此月不均匀系数 K_m 值应按下式计算:

$$K_m = \frac{该月平均日用气量}{全年平均日用气量} \tag{5.1}$$

一年中平均日用气量最大的月(即月不均匀系数值最大的月计算)称为计算月。计算月的月不均匀系数称为月高峰系数 K_{mmax}。月高峰系数应按下式计算:

$$K_{mmax} = \frac{计算月平均日用气量}{全年平均日用气量} \tag{5.2}$$

(2) 日用气工况。

一个月或一周内日用气的波动主要由以下因素决定:居民生活习惯,工业、企业的作息制度,室外气温变化等。

居民生活的炊事和热水日用气量具有很大的随机性,用气工况主要受居民生活习惯影响,工作日和节假日的用气规律不同。即使居民的日常生活十分规律,日用气量也会随室外温度等因素发生变化。虽然工业、企业的作息制度比较有规律,但室外气温在一周内的变化却缺少规律性,气温低时用气量便会增大。采暖用气的日用气量在采暖期内随室外温度变化有一些波动,但相对比较稳定。

用日不均匀系数表示一个月(或一周)中日用气量的变化情况,日不均匀系数 K_d 可按下式计算:

$$K_d = \frac{该月中某日用气量}{该月平均日用气量} \tag{5.3}$$

计算月中日不均匀系数的最大值称为该计算月的日高峰系数 K_{dmax}。K_{dmax} 所在日称为计算日可按下式计算:

$$K_{dmax} = \frac{计算月中日最大用气量}{该月平均日用气量} \tag{5.4}$$

(3) 小时用气工况。

城镇中各类用户在一天内各小时的用气量有很大变化,特别是居民和商业用户。居民用户的小时不均匀性与居民的生活习惯、供气规模和所用燃具等因素有关,一般会有早、中、晚三个高峰。商业用户的用气与其用气目的、用气方式、用气规模等有关。工业、企业用气主要取决于工作班制、工作时数等。一般三班制工作的工业用户,用气工况基本是均匀的。其他班制的工业用户在其工作时间内,用气也是相对稳定的。在采暖期,大型采暖设备的日用气工况相对稳定,单户独立采暖的小型采暖炉多为间歇式工作。

城市燃气管网系统的管径及设备均按计算月小时最大流量计算。通常用小时不均匀系数 K_h 表示一天内小时用气量的变化情况。小时不均匀系数按下式计算：

$$K_h = \frac{该日某小时用气量}{该日平均小时用气量} \quad (5.5)$$

计算日小时不均匀系数的最大值 K_{hmax} 称为计算日的小时高峰系数,按照下式计算：

$$K_{hmax} = \frac{计算月中最大用气量日的小时最大用气量}{该日平均小时用气量} \quad (5.6)$$

【例 5.1】 某城镇居民生活用户、商业用户和工业企业用户的小时用气量的波动情况见表 5.1。尝试分别计算居民生活和商业用户、工业用户的小时高峰系数。

表 5.1 小时用气量波动情况

时间/时	居民生活和商业用户/%	工业企业/%	时间/时	居民生活和商业用户/%	工业企业/%	时间/时	居民生活和商业用户/%	工业企业/%
1~2	1.30	2.68	9~10	6.55	4.82	17~18	9.59	5.55
2~3	1.65	2.23	10~11	11.27	3.87	18~19	6.10	4.87
3~4	0.99	2.96	11~12	10.42	4.85	19~20	3.42	4.48
4~5	1.63	3.22	12~13	4.09	3.03	20~21	2.13	4.34
5~6	4.35	2.51	13~14	2.77	5.27	21~22	1.48	4.84
6~7	4.87	4.88	14~15	2.27	5.53	22~23	1.27	2.39
7~8	5.20	4.81	15~16	4.05	5.24	23~24	0.98	2.75
8~9	5.17	5.46	16~17	7.10	5.45	24~1	1.35	1.97

解 居民生活和商业用户小时最大用气量发生在 10~11 时,则小时最大不均匀系数(即小时高峰系数)为

$$K_{hmax} = \frac{11.27}{100/24} = 2.7$$

工业用户小时最大用气量发生在 17~18 时,则小时最大不均匀系数(即小时高峰系数)为

$$K_{hmax} = \frac{5.55}{100/24} = 1.33$$

5.2.3 城镇燃气需用量

（1）用气量指标。

用气量指标又称为用气定额，是进行城镇燃气规划、设计，估算燃气用气量的主要依据。因为各类燃气的热值不同，所以常用热量指标来表示用气量指标。

居民生活用气量指标是指城镇居民每人每年的平均燃气用量。若采用热量指标的形式，则定义为每人每年消耗的燃气热量（单位为 $MJ/(人·年)$）。居民生活用气量的大小与许多因素有关，其中有些因素会造成用气量的自然增长，即正影响；有些因素会造成用气量的减少，即负影响。居民生活用气的影响因素错综复杂、相互制约。一般情况下需统计 $5\sim20$ 年的实际运行数据作为基本分析的依据，并应用数学方法处理统计数据，建立适用的数学模型，从中求出可行解，并预测未来的发展趋势，最后提出可靠的用气量指标的推荐值。

影响商业用户用气量的因素主要有：城镇燃气供应状况；天然气管网布置程度与商业的分布情况；居民使用公共服务设施的普及程度与接受程度；设施标准；用气设施的性能、效率、运行管理水平和使用均衡程度；所在地区的气候条件等。因此，商业用户用气量指标与用气设备的性能、热效率、地区气候条件等因素有关。

工业企业用气量指标可由产品的耗气定额或其他燃料的实际消耗量进行折算，也可根据同行业的用气量指标分析确定。

建筑物采暖及空调用气量指标可按国家现行的采暖、空调设计规范或当地建筑物耗热量指标确定。

燃气汽车用气量指标应根据当地燃气汽车的种类、车型和使用量的统计分析确定。当缺乏统计资料时，可参照已有燃气汽车的城镇的用气量指标确定。

（2）城镇燃气年用气量计算。

在进行城镇天然气供应系统的规划设计时，首先要确定城镇的年用气量。各类用户的年用气量是进行天然气供应系统设计和运行管理，以及确定气源、管网和设备通过能力的重要依据。年用气量应根据天然气发展规划和天然气的用户类型、数量及对应用户类型的用气指标确定。

① 居民生活的年用气量。居民生活的年用气量与许多因素有关：居民生活习惯、作息及节假日制度、气候条件、户内燃气设备的类型、住宅内有无集中采暖及热水供应、城镇居民气化率等。其中，城镇居民气化率是指城镇用气人口数占城镇居民总人口数的百分比。由于城镇中存在着新建住宅、采用其他能源形式的现代化建筑及不适合供气的旧房屋等情况，城镇居民的燃气气化率很难达到 100%。因此，居民生活的年用气量可以根据居民生活用气量指标、居民总人口

数、燃气气化率和燃气的低热值按下式计算:

$$Q_a = \frac{Nkq}{H_1} \qquad (5.7)$$

式中，Q_a 为居民生活年用气量，$m^3/$年；N 为居民人数，人；k 为城镇居民燃气气化率，%；q 为居民生活用气量指标，MJ/(人·a)；H_1 为天然气低热值，MJ/m^3。

② 商业用户年用气量。商业用户年用气量的计算：一是按商业用户拥有的各类用气设备数量和用气设备的额定热负荷进行计算；二是按商业用户用气性质、用途、用气指标及服务人数等进行计算。商业用户年用气量与城镇人口数、公共建筑的设施标准、用气量指标等因素有关。在规划设计阶段，商业用户的年用气量可根据下式确定：

$$Q_{ya} = \frac{MNq}{H_1} \qquad (5.8)$$

式中，Q_{ya} 为商业用户的年用气量，$m^3/$年；N 为居民人口数，人；M 为各类用户用气人数占总人口的百分比，%；q 为各类商业用户的用气量指标，MJ/(人·年)；H_1 为天然气的低热值，MJ/m^3。

当商业用户的用气量不能实现准确计算时，还可以在考虑商业及公共建筑的设施建设标准的前提下，按城镇居民生活年用气量的某一比例进行估算。例如，在计算出城镇居民生活的年用气量后，可按居民生活年用气量的10%～30%估算城镇商业的年用气量。

③ 工业、企业年用气量。工业、企业年用气量与其生产规模、用气工艺特点和年工作时数等因素有关。在规划设计阶段，一般可以按以下三种方法计算工业用户的年用气量：

① 参照已使用燃气、生产规模相近的同类企业年耗气量估算。

② 按工业产品的耗气定额和企业的年产量确定。

③ 在缺乏产品的耗气定额资料的情况下，可按企业消耗其他燃料的热量及设备热效率，在考虑自然增长后折算出燃气耗量。折算公式为

$$Q_a = \frac{1\,000 G_y H'_i \eta'}{H_1 \eta} \qquad (5.9)$$

式中，Q_a 为工业用户的年用气量，$m^3/$年；G_y 为其他燃料年用量，t/年；H'_i 为其他燃料的低发热值，MJ/kg；η' 为其他燃料燃烧设备的热效率，%；η 为燃气燃烧设备的热效率，%；H_1 为燃气的低热值，MJ/m^3。

④ 建筑物采暖年用气量。建筑物采暖年用气量与使用燃气采暖的建筑物面积、年采暖期长短、采暖耗热指标有关，可根据下式确定：

$$Q_a = \frac{F q_H n}{H_1 \eta} \qquad (5.10)$$

式中，Q_a 为采暖的年用气量，$m^3/$年；F 为使用燃气采暖的建筑面积，m^2；q_H 为建

筑物的耗热指标，MJ/(m² · h)；n 为采暖负荷最大利用小时数，h/年；η 为燃气采暖系统的热效率，%；H_1 为燃气的低热值，MJ/m³。

其中，采暖负荷最大利用小时数一般可按下式计算：

$$n = n_1 \frac{t_1 - t_2}{t_1 - t_3} \tag{5.11}$$

式中，n 为采暖负荷最大利用小时数，h；n_1 为采暖期，即供暖小时数，h；t_1 为采暖室内计算温度，℃；t_2 为采暖室外平均温度，℃；t_3 为采暖室外计算温度，℃。

由于各地的气候条件不同，冬季采暖计算温度及建筑物耗热指标均有差异，应根据当地的各项采暖指标进行计算。

⑤ 其他用户年用气量。其他用户年用气量可根据其用气设备及耗气量等进行推算。如燃气汽车、船舶用气量应根据当地燃气汽车、船舶的种类、型号和使用量的统计数据分析或计算后折算。再如电站及分布式能源用户的用气量，应根据其发电量及设备效率统计分析及计算后确定。

⑥ 未预见量。城镇燃气年用气量计算中应考虑未预见量。未预见量主要是指燃气管网漏损量和规划发展过程中的未预见供气量，一般按年总用气量的 5% 估算。规划设计过程中应将未来的燃气用户尽可能地考虑进去，未建成、暂不供气的用户不能一律划归未预见供气范围。因此，城镇燃气年用气量为各类用户年用气量总和的 1.05 倍，即

$$Q'_a = 1.05 \sum Q_a \tag{5.12}$$

式中，Q'_a 为城镇燃气年用气量总和，m³/年；Q_a 为城镇各类用户的年用气量，m³/年。

(3) 燃气输配系统的小时计算流量。

燃气供应系统管道及设备的通过能力不能直接用燃气的年用气量确定，应按燃气计算月的小时最大流量来选择。小时计算流量的确定关系着燃气供应系统的经济性和可靠性。小时计算流量定得过高，将会增加输配系统的基建投资和金属耗量；定得偏低，又会影响对用户的正常供气。城镇燃气管道的小时计算流量可用两种方法确定：不均匀系数法和同时工作系数法。

① 不均匀系数法。在规划、设计阶段估算燃气管道直径及设备容量时可使用不均匀系数法。这种方法适用于各种压力和用途的城镇燃气分配管道的小时流量的计算。一般在做城镇燃气供应系统的规划、设计时，燃气分配管道的小时计算流量应按用气类型分别按计算月的高峰小时最大用气量确定，其计算公式为

$$Q_h = \frac{1}{n} Q_a \tag{5.13}$$

式中，Q_a 为年用气量，m³/年；Q_h 为燃气管道的小时计算流量，m³/h；n 为最大负

荷利用小时数，h/年，相当于假设一年中的用气是均匀的，并等于小时最大用气量，则全年用气量会在 n 小时内用完，即

$$n = \frac{365 \times 24}{K_{mmax} K_{dmax} K_{hmax}} \tag{5.14}$$

城镇居民生活用户和商业用户用气的高峰系数应根据城镇用气的实际统计资料确定。当缺乏实际统计资料，或给还未用气的城镇编制规划、进行设计时，可结合当地的具体情况，参照相似城镇的系数值选取，也可采用不均匀系数的下列推荐值：

$$K_{mmax} = 1.1 \sim 1.3$$
$$K_{dmax} = 1.05 \sim 1.2$$
$$K_{hmax} = 2.2 \sim 3.2$$

因此，$K_{mmax} K_{dmax} K_{hmax} = 2.54 \sim 4.99$。

当供气户数较多时，小时高峰系数建议选取低限值。当总用户数少于 1 500 户时，小时高峰系数可取 3.3～4.0。所以，最大负荷利用小时数 n 便可在 1 755～3 447 h/年之间取值。最大负荷利用小时数 n 随着连接在管网上的居民用户数和用气工况等因素的变化而变化。显然，用户数量越多，用气高峰系数越小；燃气的用途越多样（炊事和热水洗涤、沐浴、采暖等），用气高峰系数越小，最大负荷利用小时数 n 越大。供气量最大利用小时数 n 见表 5.2。

表 5.2 供气量最大利用小时数 n

名称	气化人口数/万人											
	0.1	0.2	0.3	0.5	1	2	3	4	5	10	30	50	75	≥100
N/(h·年$^{-1}$)	1 800	2 000	2 050	2 100	2 200	2 300	2 400	2 500	2 600	2 800	3 000	3 300	3 500	3 700

由上可知，不均匀系数法考虑了居民用户的用气目的、用气人数、人均年用气量（即用气指标）和用气规律，而没有考虑每户的人口数（可认为是使用同一燃具的人数）和户内燃具额定负荷的大小等因素。

② 同时工作系数法。这种方法适用于居民小区、庭院及室内燃气管道的设计计算。在用户的用气设备确定以后，可以用这种方法确定管道的小时计算流量。管道的小时计算流量根据燃气设备的额定流量和同时工作的概率确定，其计算公式为

$$Q_h = k_t \left(\sum k N Q_n \right) \tag{5.15}$$

式中，Q_h 为燃气管道的小时计算流量，m^3/h；k_t 为不同类型用户的同时工作系数，当缺乏资料时，可取 1；k 为相同燃具或相同组合燃具的同时工作系数；N 为相

同燃具或相同组合燃具的数目;Q_n 为相同燃具或相同组合燃具的额定流量,m^3/h。

同时工作系数 k 反映了燃气用具集中使用的程度,它与燃气用户的生活规律、燃气用具的种类、数量等因素有关。

用户的用气工况本质上是随机的,它不仅受用户类型和燃具类型的影响,还与居民户内用气人口、高峰时燃具开启程度及能源结构等不确定因素有关。也就是说,k 和 k_t 值不可能通过理论导出,只能在对用气对象进行实际观测后用数理统计及概率分析方法加以确定。如,燃气双眼灶的同时工作系数见表5.3。表中所列的同时工作系数适用于每一用户安装一台燃气双眼灶的情况,当每一用户安装两台燃气单灶时,也可参照表5.3进行计算。

表5.3 居民生活用燃气双眼灶同时工作系数

相同燃具数 N	1	2	3	4	5	6	7	8	9	10	15	20	25
同时工作系数 k	1.00	1.00	0.85	0.75	0.68	0.64	0.60	0.58	0.55	0.54	0.48	0.45	0.43
相同燃具数 N	30	40	50	60	70	80	100	200	300	400	500	600	1000
同时工作系数 k	0.40	0.39	0.38	0.37	0.36	0.35	0.34	0.31	0.30	0.29	0.28	0.26	0.25

表5.3中的同时工作系数表明,所有燃气双眼灶不可能在同一时间内使用,所以实际上燃气小时计算流量不会是所有燃气双眼灶额定流量的总和,用户数越多,同时工作系数越小。该系数还因燃具类型而异。当每一用户除安装一台燃气双眼灶外,还安装有燃气热水器时,可参照表5.4选取同时工作系数。

表5.4 居民生活用双眼灶和热水器同时工作系数

设备类型	相同燃具数								
	1	2	3	4	5	6	7	8	9
双眼灶和热水器	1.000	0.560	0.440	0.380	0.350	0.310	0.290	0.270	0.260
设备类型	相同燃具数								
	10	15	20	25	30	40	50	60	70
双眼灶和热水器	0.250	0.220	0.210	0.200	0.190	0.180	0.178	0.186	0.174
设备类型	相同燃具数								
	80	90	100	200	300	400	500	700	1 000	2 000
双眼灶和热水器	0.172	0.171	0.170	0.160	0.150	0.140	0.138	0.134	0.130	0.120

由表 5.4 可见,同时工作系数与用户数及燃气设备类型有关。当在一个住户安装有一台燃气双眼灶和一台燃气热水器时,同时工作系数值为 1。当两个及以上住户分别安装有一台燃气双眼灶和一台燃气热水器时,所有燃气用具同时工作的可能性就会变小,故同时工作系数取小于 1 的值。如表 5.3 所示,用户数越多,同时工作系数值就越小。

同时工作系数法是一种考虑一定数量的燃具同时工作的概率和用户燃具的设置情况,确定燃气小时计算流量的方法。显然,这一方法并没有考虑使用同一燃具的人数差异。

5.2.4 燃气输配系统的供需平衡

城镇燃气的需用工况是不均匀的,随月(季度)、日、时变化;但一般燃气量的供应是相对均匀的,很难完全按需用工况变化。为解决燃气系统供气基本均匀与实际用气不均匀之间的矛盾,不间断地向用户供应正常压力和流量的燃气,需要采取一定的措施使系统供需平衡。

(一)调峰手段

通常,城镇燃气供应系统会在技术经济比较的基础上采用几种调峰手段的组合方式。调峰手段还应与燃气系统应急机制统筹考虑,协调工作。常用的调峰手段如下。

(1)调整气源的生产能力。

即根据燃气需用情况,调整气源的供应量。调整气源的生产能力要考虑生产与开采的工艺特点、技术可行性和经济合理性等因素。天然气供应系统中,一般只在用气城镇距离天然气产地不远时,采用调节气井产量的方法,平衡部分月不均匀用气。对于人工煤气供应系统,可以考虑调整气源的生产能力,以适应用户应急情况的变化。但必须考虑气源运转停止生产的难易程度、气源生产负荷变化的可能性和变化的幅度等,同时还应考虑技术经济的合理性。

(2)设置机动气源。

使用机动气源是平衡季节或其他高峰用气的有效方法之一。压缩天然气、液化天然气、液化石油气混空气都可以作为管输天然气的机动气源;油制气可以作为焦炉气的机动气源。在实际应用中,应根据需求及供应情况进行技术经济比较,选择机动气源的种类和规模。

(3)建立缓冲用户,发挥调度作用。

建立缓冲用户可以缓解季节性用气的矛盾。夏季用气时,缓冲用户可以燃气为燃料;而冬季用气高峰时,这些缓冲用户改用固体或液体燃料,用此方法平衡季节不均匀用气。此外,一些大型工业企业、锅炉房等都可以作为城镇燃气供应的缓冲用户,用调整大型问题用户厂休日和作息时间以及计划调配用气的方法平衡日不均匀用气。

(4)建立储气设施。

一般来讲,燃气供应系统完全靠气源和用户的调度与调节是不能解决供气和用气之间的矛盾的。所以,为保证供气的可靠性,通常需要设置种类不同、容量不等的储气设施。根据不同的气源和用气情况,储气方式与设施有很大的差别。储气设施主要分为两种:解决季节性矛盾的大型储气设施,解决小时不均匀性的相对小型的储气设备。无论建立哪种储气设施,都要增加系统投资和运行管理的费用及人员。

地下储气库储气量大,单位储气能力的造价和运行成本低,可用来平衡季节不均匀用气。液化天然气储存在绝热良好的低温储罐中,在用气高峰时再汽化供出。液化天然气汽化方便,负荷调节范围广,适于调节各种不均匀用气。高压燃气管束储气及长输干管末端储气是平衡日不均匀用气和小时不均匀用气的有效方法。储气罐只能用来平衡日不均匀用气及小时不均匀用气。储气罐储气与其他储气方式相比,投资及运营成本都较高。

(二)储气容积的计算

城镇燃气输配系统所需储气容积的计算,按气源及输气能否按日用气量供气,分为两种工况。供气能按日用气量变化时,储气容积按计算月的计算日24 h的燃气供需平衡条件进行计算,否则应按计算月平均每周的燃气供需平衡要求确定。

(1)根据计算月燃气消耗的日(或周)不均衡工况计算储气容积。

计算步骤:

①按计算月最大日平均小时供气量均匀供气,设每日气源供气量为100,则每小时平均供气量为 $100/24=4.17$。

②计算日(或周)的燃气供应量的累计值。

③计算日(或周)的燃气消耗量的累计值。

④计算燃气供应量的累计值与燃气消耗量的累计值之差,即为每小时燃气的储存量。

⑤根据计算出的最高储存量与最低储存量绝对值之和得出所需储气容积。

【例5.2】 城市计算月最大日用气量为 325 000 m^3,假设气源在一日内连续均匀供气,城镇小时用气量占日用气量的比例见表5.5,试确定该燃气供应系统所需要的调峰储气容积。

表 5.5 城镇小时用气量占日用气量的比例

小时	0~1	1~2	2~3	3~4	4~5	5~6	6~7	7~8
比例/%	2.31	1.81	2.88	2.96	3.22	4.56	5.88	4.65
小时	8~9	9~10	10~11	11~12	12~13	13~14	14~15	15~16
比例/%	4.72	4.70	5.89	5.95	4.42	3.33	3.48	3.95
小时	16~17	17~18	18~19	19~20	20~21	21~22	22~23	23~24
比例/%	4.83	7.48	6.55	4.84	3.92	2.48	2.58	2.58

按前述计算步骤,计算燃气供应量累计值、小时用气量、累计用气量及燃气储存量,结果见表 5.6。

表 5.6 燃气供应量累计值、小时用气量、累计用气量及燃气储存量

小时	燃气供应量累计值/%	用气量/% 小时	用气量/% 累计	燃气储存量/%	小时	燃气供应量累计值/%	用气量/% 小时	用气量/% 累计	燃气储存量/%
0~1	4.17	2.31	2.31	1.86	12~13	54.17	4.42	53.98	0.19
1~2	8.34	1.81	4.12	4.22	13~14	58.34	3.33	57.31	1.03
2~3	12.50	2.88	7.00	5.50	14~15	62.50	3.48	60.79	1.71
3~4	16.67	2.96	9.96	6.71	15~16	66.67	3.95	64.74	1.93
4~5	20.84	3.22	13.18	7.66	16~17	70.84	4.83	69.57	1.27
5~6	25.00	4.56	17.74	7.26	17~18	75.00	7.48	77.05	-2.05
6~7	29.17	5.88	23.62	5.55	18~19	79.17	6.55	83.60	-4.43
7~8	33.34	4.65	28.27	5.07	19~20	83.34	4.84	88.44	-5.10
8~9	37.50	4.72	32.99	4.51	20~21	87.50	3.92	92.36	-4.86
9~10	41.67	4.70	37.69	3.98	21~22	91.67	2.48	94.84	-3.17
10~11	45.84	5.89	43.58	2.26	22~23	95.84	2.58	97.42	-1.58
11~12	50.00	5.98	49.56	0.44	23~24	100.00	2.58	100.00	0.00

所需储气容积:

$(7.66\% + 5.10\%) \times 325\,000 \text{ m}^3 = 12.76\% \times 325\,000 \text{ m}^3 = 41\,470 \text{ m}^3$

(2)根据工业与民用的用气量的比例确定所需储气容积。

如果没有实际燃气消耗曲线,所需储气量可按计算月平均日供气量的百分比确定。由于燃气用量的变化与工业及民用的用气量的比例有密切关系,按计算月平均日供气量百分比来确定储气量时要考虑这个因素。工业与民用燃气用气量比例与储气量关系见表 5.7。实际工作中,由于城市有机动气源或缓冲用户,建储罐的条件又经常受到限制,因此储气量往往低于表 5.7 的数值。

表 5.7 工业与民用燃气用气量比例与储气量关系

工业用气占供气量/%	民用用气占供气量/%	储气量占计算平均日供气量/%
50	50	40~50
>60	<40	30~40
<40	>60	50~60

5.3　城市燃气输配系统

城市燃气输配系统是负责将城市燃气从气源处输送到民用、商业和工业的各个用户,保证用户安全可靠用气的系统。城市燃气输配系统是使城市用户安全可靠地使用燃气的关键,是燃气工程的核心部分。现代化的城市燃气输配系统是复杂的综合设施,通常由以下部分构成:

①城镇燃气门站。

②燃气管网系统。管网系统是指低压、中压及高压等不同压力等级的燃气管网。

③燃气的调压与计量。各种不同压力级制的管网系统之间通过区域调压站或调压室联系。

④燃气储气设施。主要用于缓解供气的均匀性与用气的不均匀性之间的矛盾。在用户用气量少时将多余的燃气加以储存,在用户用气量大时从储气设备里取出供给用户。

⑤监控、调度、维护与管理。监控城市燃气输配系统中主要设备和管网的运行情况,并对监视过程中出现的情况及时处理。维护管理中心负责对管网设备进行巡视维护和维修,并能够针对非正常情况马上采取抢修措施。

5.3.1　城镇燃气门站

城市燃气门站(或天然气门站,以下简称门站)是目前天然气产业链中的关键环节,起着承上启下的作用。门站既是天然气长输干线或支线的终点配气站,又是城市、工业区燃气输配管网系统的起点气源站。在燃气门站内燃气经过过滤、除尘去掉较大液滴和固体颗粒,再经调压、计量和加臭等流程送入城镇和工业区的管网。

如果前端长距离输气干线的来气压力不能满足城镇燃气门站的压力要求,那么还需要在燃气门站内设置加压设施。另外,前端输气干线清管器的接收装置一般也设在燃气门站内,如果燃气门站前的燃气分输站内设有清管器接收装置,燃气门站也可不再设置该装置。

由于输送介质天然气的易扩散性、易压缩性、易燃烧性和易爆炸性,门站的消防系统建设也尤为重要,对保障城市供气系统安全平稳运行具有重要意义。

调压计量系统是整个门站工程的核心装置,是保证连续可靠供气的关键。由于长输管道来气可能含有尘土、铁锈等杂质,为了保证调压器正常工作,一般进入门站的气体要先进行过滤处理,去除杂质后再进行调压、计量。其中流量计量系统是城市门站的重要基础设施,用于与上游气源供应商的贸易结算校对、城市输配管网系统运行调度及城市多气源采购成本核算分析,对天然气管理部门的经济效益和运行安全十分重要。为保持稳定的输出压力和满足下游用户的需求,门站需对流经站内的天然气进行调压。调压器多采用自立式压力调节阀或电动调节阀,设置在分离器、计量装置下游分输气和配气管线上。

近年来,随着极端天气出现的频率增加,燃气门站多次发生雷击事故,而燃气门站多数远离城区,分布在荒郊野外,遭受雷击的概率较大。因此,非常有必要研究燃气场站雷击事故产生的原因,并提出相应有针对性的防雷措施。

现代城市天然气门站还要求设有智能控制系统,而自控系统功能的设计需要工艺专业提供相应的控制要求。控制系统的具体内容包括:门站系统运行参数的实时监测和控制;接受总调度中心的控制指令;根据总调度中心的查询指令传送相应的数据和信号;越限报警并自动上传;采集主要参数,包括温度、压力、流量、遥控阀门状态、组分分析数据等。

城市天然气门站主要工艺流程为:来自上游长输管线的高压天然气在门站内经前处理(过滤、加热)、调压、计量、加臭、分输进入城市天然气高压管网(有些门站还配置有清管检管装置)。我国某市天然气门站工艺流程图如图5.1所示。

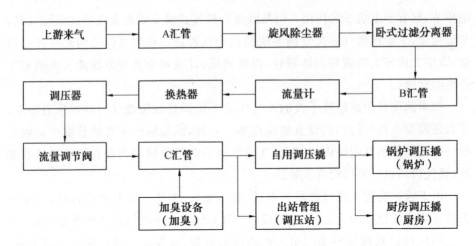

图 5.1　我国某市天然气门站工艺流程图

天然气门站接收上游来气,一路经 A 汇管去往旋风除尘器、卧式过滤分离器,再经过 B 汇管到流量计,经过换热后到达调压器再到 C 汇管,加臭设备在这里对天然气进行加臭。C 汇管后为自用调压撬和出站管组,站内自用气经自用调压撬和调压柜调压后供锅炉和厨房使用,下游用户用气从出站管组出站进行外输。

另一天然气门站工艺流程图如图 5.2 所示。

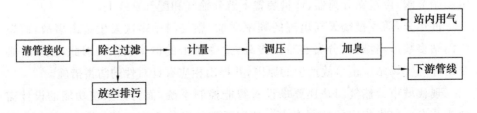

图 5.2　天然气门站工艺流程图

如图 5.2 所示,天然气从上游分输站进入门站后,首先进入过滤分离器进行除尘过滤,被分离的杂质经排污管线流向排污池。经过过滤的天然气接着依次经计量装置计量、调压装置调压、加臭装置加臭,之后被分配进入下游管线,小部分天然气被分配用于站内用气。

5.3.2　城镇燃气输配管网系统

一、燃气管道的分类

燃气管道可以根据其用途、敷设方式和输气压力分类。

(1) 根据用途分类。

根据用途分类,可将燃气管道分为城镇燃气管道和工业燃气管道。

① 城镇燃气管道。城镇燃气管道指城市或乡镇范围内的用于公用事业或民用的燃气管道,具体包括城镇燃气输气管道、分配管道、用户引入管和室内燃气管道。

a. 输气管道。指门站至城镇配气管道之间的管道。

b. 分配管道。也被称为配气管道,是指在供气地区将燃气分配给工业企业用户、商业用户、居民用户、汽车加气站等各类用户的燃气管道。分配管道包括街区和庭院的分配管道。

c. 用户引入管。将燃气从分配管道引到用户室内管道引入口处的总阀门之间的管道。

d. 室内燃气管道。通过用户管道引入口的总阀门将燃气引向室内,并分配到每个燃气用具之间的管道。

② 工业燃气管道。工业燃气管道是指企业、事业单位所属的用于输送燃气的工艺管道,如工厂内部的燃气管道、加气站内部的燃气管道等,通常包括工厂引入管、厂区燃气分配管道、车间燃气管道和炉前燃气管道等。

a. 工厂引入管和厂区燃气分配管道。将燃气从城镇燃气管道引入工厂,分配到各用气车间的管道。

b. 车间燃气管道。从车间的管道引入口,将燃气送到车间内各个用气设备(如窑炉)的管道。车间燃气管道包括干管和支管。

c. 炉前燃气管道。从支管将燃气分送给炉上各个燃烧设备的管道。

(2) 根据敷设方式分类。

燃气管道按照敷设方式分类,可以分为地下燃气管道和架空燃气管道;地下燃气管道又可以分为埋地燃气管道和地沟敷设燃气管道。城镇燃气管道一般采用地下敷设,在通过障碍物或在站场、工厂区为了维修管理方便时,可采用架空敷设。

(3) 根据设计压力分类。

燃气管道的气密性与其他管道相比有特别严格的要求,漏气可能导致火灾、爆炸、中毒或其他事故,燃气管道中的压力越高,管道接头脱开或管道本身出现裂缝的可能性和危险性也就越大。当管道内燃气的压力不同时,对管道材质、安装质量、检验标准和运行管理的要求也不同。在我国现行标准《城镇燃气设计规范》(GB 50028—2020)中,将城镇燃气管道的设计压力(P)划分为了7级,具体见表5.8。

表 5.8 城镇燃气管设计压力(表压)分级

名称		压力/MPa
高压燃气管道	A	$2.5 < P \leqslant 4.0$
	B	$1.6 < P \leqslant 2.5$
次高压燃气管道	A	$0.8 < P \leqslant 1.6$
	B	$0.4 < P \leqslant 0.8$
中压燃气管道	A	$0.2 < P \leqslant 0.4$
	B	$0.01 \leqslant P \leqslant 0.2$
低压燃气管道		$P < 0.01$

居民用户和小型公共建筑用户一般直接由低压管道供气。采用低压燃气管道输送天然气时,压力不大于 3.5 kPa;输送气态液化石油气时,压力不大于 5 kPa;输送人工煤气时,压力不大于 2 kPa。当低压管道运行压力总是不会使燃具灶前压力超过允许的最高压力时,燃具可以和低压管道系统直接相连,否则应与用户调压器相连。

中压 B 和中压 A 管道必须通过区域调压站或用户专用调压站才能给城市分配管网中的低压和中压管道供气,或给工厂企业、大型公共建筑用户以及锅炉房供气。当只采用中压一级燃气管网系统时,调压箱应设在各居民用气小区或商业用户处。

一般由城市高压 B 级或以上的燃气管道构成大城市输配管网系统的外环网。高压 B 级及以上的燃气管道也是给大城市供气的主动脉。同时,高压燃气管道也可作为储气设施,目的是平衡城镇燃气供应的日不均匀性。高压燃气必须通过调压站才能送入中压管道、高压储气罐及需要高压燃气的大型工厂企业。

城市燃气管网系统中各级压力的干管(特别是中压以上压力较高的管道)应连成环网;初建时也可以是半环形或枝状管道,但应逐步构成环网。

城镇、工厂区和居民点可由长距离输气管线供气,个别距离城镇燃气管道较远的大型用户,经论证确认经济合理、安全可靠时,可自设调压站与长输管线连接。除了一些允许设专用调压器的、与长输管线相连接的管道检查站用气外,单独的居民用户不得与长输管线连接。

随着科学技术的发展,管道和燃气专用设备的质量不断提高,在提高施工管理质量和运行管理水平的基础上,在规范和标准的允许范围内,新建城镇燃气管网系统或改建既有系统时,燃气管道可采用较高的运行压力,降低成本,提高效益。

二、城镇燃气管网系统的压力级制与选择

燃气管网是城市输配系统的主要部分,城市级别的多压力级制管网架构作为燃气产业链转运和输配的关键,近年来也得到了充足发展。根据其所采用的管网压力级制不同可分为以下几种:

①一级系统。仅用低压管网来分配和供给燃气,一般只适用于小城镇的供气;供气范围较大时,输送单位体积燃气的管材将急剧增加。

②两级系统。用两种压力级制的管网分配和供给燃气的系统,如由低压和中压 B 或低压和中压 A 两级管道组成的系统,一般适用于中小型城市。

③三级系统。用三种压力级制的管网分配和供给燃气的系统,包括低压、中压和高压或低压、中压和次高压的三级管网,一般适用于中大型城市。

④多级系统。用三种以上压力级制的管网分配和供给燃气的系统。由低压、中压 B、中压 A 和高压 B 甚至高压 A 的管网组成,适用于大型和特大型城市。城区主分配管道一般由中压 A 或中压 B 组成。

燃气输配系统中各种压力级制的管道之间应通过调压装置连接。当有可能超过最大允许工作压力时,应设置防止管道超压的安全保护设备。考虑到燃气管网系统的经济性要求、燃气管网系统对于消防安全的要求,以及各类燃气用户对于不同压力的需求,采用上述不同的压力级制的燃气管网系统是非常有必要的。

目前,在我国城市天然气输配系统中,通常有中压一级、中一低压两级、次高(高)—中一低压三级等几种形式。选择合理的压力级制不仅能大大节省工程投资、降低生产经营成本,还能提高管网系统的整体经济性。例如,城镇燃气管道压力范围是根据气源压力确定的。根据西气东送长输管道压力工况,设计压力为 10.0 MPa,天然气从输气干线引支线到城市门站,在门站前能达到 1.6 MPa 左右,为城镇提供了高压力气源。提高输配管道压力,对节约管材减少能量损失有好处,但从分配和使用的角度来看,降低管道压力有利于保证安全。因此,目前在城市天然气输配系统中多采用中压供气方式。它不仅在技术上成熟,水力可靠性高,而且具有节约管材、投资少等较为明显的优点,同时还减少了中低压调压站的占地。以重庆现代农业园区生活服务区为例,当采用低压供气方式时,需建一座中低压调压站,约需占地 500 m²,其低压管网的管径为 DN40~DN250;当采用中压供气方式时,不仅节约了调压站的用地,而且管网的管径仅为 DN40~DN100。通过经济比较计算,中压供气方式比低压供气方式节省投资约 30%。显然,在天然气供应范围内的城市燃气输配系统中实行中压供气方式,不仅在经济上是合理的,而且在技术上也是切实可行的。由此可见,实行中压供气的城市燃气输配系统,高中压调压站以后只有一级中压管网。

再如,在上述不同压力级制的管网系统中,中压 A 级管网比中压 B 级管网的可资利用压力降大,输配气量更多,且管网的管径减小,在相同输配气量和管径下可增加供气面积,于是在城镇管网的建设中,中压 A 级配气的应用成为首选。大多数中小型城镇在天然气供应压力级别的选择上,也都将配气管网压力级别定为中压 A 级。另一方面,在许多中小型城镇既有的街道上敷设管网,有较多地段难以达到《城镇燃气设计规范》中对燃气管道与建筑物间距的强制性要求,因此对于狭窄的街道,也考虑采用专设的中压 B 级管道。因此,对于中小型城镇(特别是小城镇),由于其供气区域和供气负荷不大,在配气管网采用多环结构时,采用中压 B 级一级配气系统比采用中压 A 级的管材耗量将增加 20% 以上,经济性较差;中压 B 级比中压 A 级的最大爆破能量少 50% 以上,泄漏质量流量 40%,安全性显著;对于街道狭窄的老城古镇,当缺乏敷设中压 A 级管道的条件时,要从中压 B 级入手或采用低压配气管网;对于燃气管道后置于其他地下管线而难以布置中压 A 级管道管位时,要综合考虑各种方案。天然气主干管输气方案如图 5.3 所示。

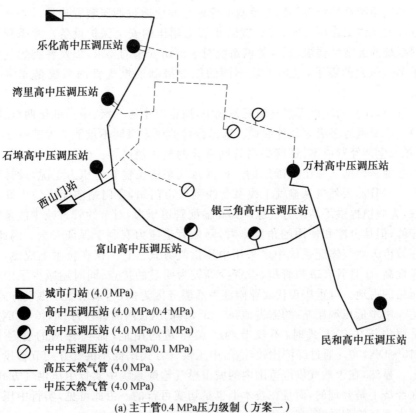

图 5.3 天然气主干管输气方案

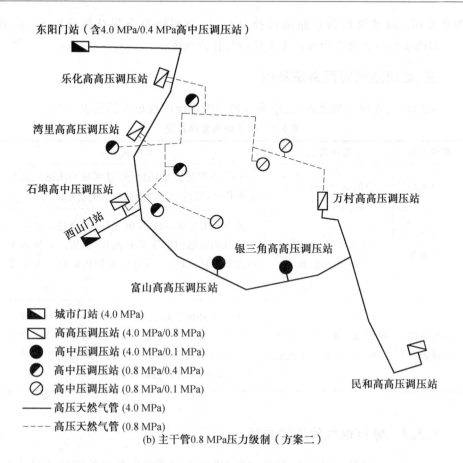

(b) 主干管0.8 MPa压力级制（方案二）

续图 5.3

下面将根据南昌市天然气利用工程实际情况，对城区天然气主干管输气方案进行详细比较分析。城区天然气主干管 0.4 MPa 压力级制（方案一）如图 5.3(a)所示，城区天然气主干管 0.8 MPa 压力级制（方案二）如图 5.3(b)所示。按照国内城市规划与建设经验，城区主干管常采用 0.4 MPa（中压 A）和 0.8 MPa（次高压 B）两种压力供气系统，两种供气方案各有优缺点。从方案比较可以看出，南昌市天然气利用工程城区主干管输气管道若采用方案一，则管道对周边建筑物安全间距较小，管道实施可行性较好，且对上一级 4.0 MPa 高压管网储气影响较小；若采用方案二，工程技术经济性较好，若采用 DN500，则输气能力与方案一相比约增加 79.7%，投资较方案一增加 2 030 万元；若采用 DN300，输气能力与方案一相同，投资较方案一节省 4 800 万元。方案二使上一级 4.0 MPa 高压管网的储气减少 22 万 m^3，仍满足调峰要求。另外相对于方案一，方案二不仅能满足常规燃气用气需求，且对用气压力要求较高的热电联供、CNG 加气站等的发展有利。故建议在管道路由选择可行、安全间距符合规范的前提下，采用 0.8 MPa 次高压管道作为城区主干管输气管道系统。

三、城镇燃气管网系统举例

城镇燃气管网二级系统、三级系统和多级系统的城市实例见表 5.9。

表 5.9 城镇燃气管网系统

系统名称	系统形式	系统说明
二级系统	中压 A—低压组合	中压 A 管道连成环网，通过区域调压站向低压管网供气，通过专用调压站向工业企业供气
三级系统	次高压 A—中压 B—低压组合	城市外围为次高压 A 燃气环网，通过次高压—中压 B 调压站向中压 B 环网供气，通过区域调压站向低压管网供气，通过专用调压站向工业企业供气
多级系统（五级系统）	高压 A—次高压 A—中压 A—中压 B—低压组合	高压 A 环网—次高压 A 环网—中压 A 环网—中压 B 环网—低压管网。中间设有高压 A—次高压 A 调压站、次高压 A—中压 A 调压站、中压 A—中压 B 调压站及区域调压站

5.3.3 城镇燃气管道的布线

在确定了城镇燃气管网的系统之后，就要决定系统中各燃气管段的具体位置，这就是所谓的城镇燃气管道的布线。具体包括燃气管段的总体布线依据，高、中、低压管网的平面布线原则以及管道的纵断面布置原则。城镇燃气管道通过的地区，应按沿线建筑物的密集程度划分为四个管道地区等级，并依据管道地区等级进行相应的管道设计。不同等级地区，地下燃气管道与建筑物之间的水平和垂直净距应符合现行国家标准《城镇燃气设计规范》的相关规定。

（1）总体布线依据。

城镇燃气管道一般采用地下敷设，而地下敷设的燃气管道宜沿城市道路、人行道敷设，或敷设在绿化带内。在决定城市中不同压力燃气管道的布线问题时，必须考虑到以下基本情况：

①管道中燃气的压力。
②街道及其他地下管道的密集程度与布置情况。
③街道交通量和路面结构情况，以及运输干线的分布情况。
④所输送燃气的含湿量，必要的管道坡度，街道地形变化情况。

⑤与该管道相连接的用户数量及用气情况,判断该管道是主要管道还是次要管道。

⑥管道布线可能遇到的障碍物情况。

⑦土壤性质、腐蚀性强度和冰冻线深度。

⑧该管道在施工、运行及故障后维修对地面交通和燃气用户的影响。

⑨在布线时,要决定燃气管道沿城镇街道的平面与纵断面位置。

由于输配系统各级管网的输气压力不同,其设施、防火安全的要求、各自的功能也不同,应该充分考虑各自的特点进行布线。

(2)高中压管网的平面布置。

高、中压管网的主要功能是输气,并通过系统中的调压站向低压管网的各环网配气。因此,高、中压管道的平面布置既有相同点,又有不同点。其布线原则一般为:

①高压管道宜布置在城市边缘或市内有足够安全距离的地带,并布局成环网,以提高供气的可靠性。

②中压管道应布置在城市用气区便于与低压环网连接的规划道路上,应尽量避免沿车辆来往频繁或在闹市区的交通线敷设,否则会对管道施工和管理维修造成困难。

③中央管道应布置成环网,以提高其输气和配气的安全可靠性。

④高、中压管道的布置。应考虑调压站的布点位置和对大型用户直接供气的可能性,应使管道通过这些地区时尽量靠近各调压站和这类用户,以缩短连接支管的长度。

⑤从气源点连接高压或中压管道的连接管段可考虑采用双线敷设。

⑥由高、中压管道直接供气的大型用户,其用户支管末端应考虑设置专用调压站的位置。

⑦高、中压管道应尽量避免穿越铁路等大型障碍物,以减少工程量和投资。

⑧高、中压管道是城市输配系统的输气和配气主要干线,必须综合考虑近期建设与长期规划的关系,以延长已经敷设的管道的有效使用年限,尽量减少建成后改线、增大管径或增设双线的工程量。

⑨当高、中压管网初期建设的实际条件只允许布置半环形,甚至为枝状管网时,应根据发展规划使之与规划环网有机联系,防止以后出现不合理的管网布局。

(3)低压管网的平面布置。

低压管网的主要功能是直接向各类用户配气,是城市供气系统中最基本的管网。据此特点,低压管网的布置一般应考虑以下几方面:

①低压管道的输气压力低,沿程压力降的允许值也较低,故低压管网的每环

边长一般宜控制在 300～600 m,或控制在一个独立的住宅小区范围内。

②低压管道直接与用户相连,而用户数量随着城市建设发展而逐步增加,故低压管道除了以环状管网为主体布置外,也允许存在枝状管道。

③有条件时低压管道应尽可能布置在街区内兼作庭院管道,以节省投资。

④低压管道可以沿街道的一侧敷设,也可以双侧敷设,低压管道通常采用双侧敷设以避免频繁横穿道路。

⑤低压管道应按规划道路布线,并应与道路轴线或建筑物的前沿相平行,尽可能避免在高级路面下敷设。

⑥为了保证在施工和检修时互不影响,也为了避免漏出的燃气影响相邻管道的正常运行,地下燃气管道与建(构)筑物以及其他各种管道之间应保持必要的水平和垂直净距,并应与道路轴线或建筑物的前沿平行,符合现行国家标准城镇燃气设计规范《城镇燃气设计规范》的相关规定。

(4)管道的纵断面布置。

在决定纵断面布置时要考虑以下各点:

①地下燃气管道埋设深度宜在土壤冰冻线以下。管顶覆土厚度还应满足下列要求:埋设在车行道下时,不得小于 0.8 m;埋设在非车行道下时,不得小于 0.6 m。

②输送湿燃气的管道,不论是干管还是支管,其坡度一般不小于 0.003。布线时,最好能使管道的坡度和地形相适应。在管道的最低点应设排水器。

③燃气管道不得在地下穿过房屋或其他建筑物,不得平行敷设在有轨电车轨道之下,也不得与其他地下设施上下布置。

④在一般情况下,燃气管道不得穿过其他管道本身,如因特殊情况要穿过其他大断面管道(污水干管、雨水干管、热力管沟等)时,需征得有关方面同意;同时,燃气管道必须安装在钢套管内。

⑤燃气管道与其他各种构筑物及管道相交时,应按规范规定保持一定的最小垂直净距。

5.4 压缩天然气与液化天然气供应

城镇中使用的天然气主要来源有三种,第一种是管输天然气供应系统,第二种是压缩天然气供应系统,第三种是液化天然气供应系统。管输天然气供应系统是最常见的天然气供应系统;压缩天然气供应系统可以用于天然气汽车供气和城镇中局部区域性供气;液化天然气供应系统主要用于天然气跨海贸易或陆地上不具备管输条件,又迫切需要天然气的地区。压缩天然气和液化天然气供应系统还可以作为规划管输供气城镇的过渡气源,也可以作为调峰气源或临时、抢修供气气源。

5.4.1 压缩天然气供应

压缩天然气(Compressed Natural Gas,CNG)是指表压压力为 10～25 MPa 的气态天然气。压缩天然气在 20 MPa 压力下,体积约为标准状态下同质量天然气体积的 1/250,一般充装到高压容器中储存和运输。压缩天然气的生产供应工艺技术设备比较简单,运输及装卸方便,作为中小型城镇燃气气源和车用燃料有广大的应用前景。压缩天然气供应系统包括天然气增压、运输及储存、汽车加气或减压供气等环节。

天然气可以在气源地进行净化、压缩后,运输至城镇接收站,也可以在城镇附近由天然气管道取气、增压后得到 CNG,这类场站称为天然气加压站。

CNG 加压站以天然气压缩和加注为主要目的。此类场站向 CNG 运输车提供压力为 20～25 MPa 的天然气,或向超高压调峰储气设施加压,也可对 CNG 汽车加气。

压缩天然气加压站一般由天然气管道、调压、计量、压缩、脱水、储存、加气等主要生产工艺系统及控制系统构成。

5.4.2 液化天然气供应

液化天然气(Liquefied Natural Gas,LNG)是指由天然气气田开采出来的天然气,经过脱水、脱酸性气体和重烃类(去除杂质)后,再经压缩、膨胀、液化而形成的低温液体。与气体相比,其体积缩小到约 $\frac{1}{600}$,便于运输和储存,是天然气利用中一种有效的气源形式。

国产液化天然气会经过陆路运输至气化站或汽车加气站等地。进口液化天然气会经海上运输送到大型接收站。液化天然气在大型接收站汽化为气态天然气后进入输气管道,作为管道气源供应大中型城镇。液化天然气也可以通过槽车运至中小型城镇、小区作为汽化气源,还可以作为城镇的调峰及应急气源。液化天然气汽化后,除供居民、商业、工业等用户外,也可直接用作汽车、船舶、飞机的燃料。

天然气作为液体状态存在有利于其储存和运输,但天然气最终被利用时的状态必须是气态,因此液化天然气在被利用之前必须先经过汽化。液化天然气作为低温燃料,在汽化时需要吸收大量的热,这个过程可以被其他工艺过程有效利用。

LNG 汽化器是一种专门用于液化天然气汽化的换热器,低温的液态天然气在汽化器中吸热发生相变并升温。热量可以来自燃料燃烧、电加热或蒸汽换热,也可取自自然环境的空气或海水等。按照热源不同,汽化器可以分为以下三种类型:

①加热汽化器。汽化装置的热量来自燃料燃烧、电力、锅炉或内燃机废热加热。

②环境汽化器。汽化的热量来自自然环境热源,如大气、海水、地热水等。

③工艺汽化器。汽化的热量来自另外的热动力过程或化学过程。

LNG 气化站通常指具有接收 LNG、储存及汽化供气功能的场站。LNG 气化站主要作为输气管线达不到或采用长输管线不经济的中小型城镇的气源,另外,也可作为城镇的调峰应急气源或过渡气源。LNG 气化站距离接收站或天然气液化工厂的经济运输距离宜在 1 000 km 以内,可采用公路运输和铁路运输。与天然气管道长距离输送、高压储罐储存等相比,LNG 气化站采用槽车运输、LNG 储罐储存,具有运输灵活、储存效率高、建设投资小、建设周期短、见效快等优点。

5.5 燃气的储存

5.5.1 地下储气库

目前谈及的储气库,一般而言都是指地下储气库。地下储气库在供气淡季将集输管线的多余天然气注入地下储存起来,在用气高峰时将天然气取出,用以补充管线供气的不足,满足用户需求。地下储气库能有效地调节季节、月、日用气量的不均衡性,满足天然气利用市场的变化需求。地下储气库使天然气生产系统的操作和输气管网的运行不受市场消费高峰和消费淡季的影响,有利于实现均衡生产和输气,充分利用输气设施的能力,提高管网的利用系数和效率,降低成本。对于只有单一气源的用气方或供气方,当面临突发事故或自然灾害时,可能造成供气中断,此时的地下储气库兼用应急备用气源。

目前世界上典型的天然气地下储气库主要有四种:枯竭(废弃)油气藏储气库、含水层储气库、盐穴储气库、废弃矿坑及岩洞储气库。枯竭油气藏储气库是利用已经开采枯竭废弃的气藏或开采到一定程度的退役气藏建造的储气库。含水层储气库是人为将天然气注入地下合适的含水层而形成的人工气藏,由含水砂层和不透气覆盖层组成。盐穴储气库是在地下盐层或盐丘中,利用水溶解盐的开采方式形成地下空穴用来储存天然气。废弃矿坑及岩洞储气库是一种利用废弃的符合储气条件的矿坑或洞穴或在山体中开凿的岩洞改建的地下储气库。

枯竭油气藏储气库和含水层储气库属于多孔介质类地下储气库,盐穴储气库和废弃矿坑及岩洞储气库属于洞穴类地下储气库。

5.5.2 液化天然气储存

无论是基本负荷型 LNG 装置还是调峰型装置,液化后的天然气都要储存在液化站内的储罐或储槽内。在卫星型液化站和 LNG 接收站都有一定数量和规模的储罐或储槽。液化天然气储罐(槽)一般可按容量、隔热方式、形状、放置方式、材料及压力进行分类。

(1) 按照容量分类。

① 小型储罐。容量为 $5\sim50$ m^3。常用于民用燃气气化站、LNG 汽车加注站等场合。

② 中型储罐。容量为 $50\sim100$ m^3。常用于卫星式液化装置、工业燃气气化站等场合。

③ 大型储罐。容量为 $100\sim1\ 000$ m^3。常用于小型 LNG 生产装置。

④ 大型储槽。容量为 $10\ 000\sim40\ 000$ m^3。常用于基本负荷型和调峰型液化装置。

⑤ 特大型储槽。容量为 $40\ 000\sim200\ 000$ m^3。常用于容量 LNG 接收站。

⑥ 超大型储槽。容量大于 $200\ 000$ m^3。2013 年 10 月,日本建成了 $250\ 000$ m^3 的超大型储槽。韩国也建成了 $270\ 000$ m^3 的超大型储槽。

(2) 按照维护结构的隔热方式分类。

① 真空粉末隔热。常见于小型 LNG 储罐。

② 正压堆积绝热。广泛应用于大中型 LNG 储罐和储槽。

③ 高真空多层隔热。很少采用,限于小型 LNG 储罐。

(3) 按照储罐(槽)的形状分类。

① 球形罐。一般用于小容量的储罐,目前大型储槽也有采用,如林德公司的 $40\ 000$ m^3 球形罐和日本 NKK 公司的 $5\ 000$ m^3 球形罐。

② 圆柱形罐(槽)。广泛用于各种容量的储罐和储槽。

(4) 按照储罐(槽)的放置方式分类。

① 地上型。

② 地下型。主要包括三种类型,有半地下型、地下型、地下坑型。

(5) 按照储罐(槽)的材料分类。

① 双金属。内罐和外壳均采用金属材料。

② 预应力混凝土型。大型罐槽采用预应力混凝土外壳,而内筒采用低温的金属材料。

③ 薄膜型。指内筒采用厚度为 $0.8\sim1.2$ mm 的 36Ni 钢。

(6)按照储罐(槽)的压力分类。

①大型常压储罐。大型常压 LNG 储罐为最高工作压力约 20 kPa,单台储液量大于 1 000 m³ 的大直径容器。通常适用于 LNG 生产装置配套的 LNG 生产场站或接收来自 LNG 运输船的接近常压标准沸点温度的 LNG 液体,极少用于大型 LNG 卫星厂站。

②压力储罐。LNG 压力储罐的最高工作压力为 0.1 MPa,常用工作压力范围为 0.2~0.8 MPa,受运输能力限制,单台真空粉末绝热储罐的储液量为 150 m³ 以下的小直径容器。LNG 压力储罐主要适用于与输气管网配套的 LNG 卫星场站。

当 LNG 储存站储液量较大且需要较高的储存压力时,可采用 LNG 子母罐。LNG 子母罐子罐的单罐几何容积可达 250 m³。LNG 子母罐既可以用于 LNG 卫星场站,也可用于与 LNG 生产装置配套的 LNG 生产场站。

5.5.3 压缩天然气储气

压缩天然气技术是利用气体的可压缩性,将常规天然气以高压进行储存,其储存压力通常为 15~25 MPa。在 25 MPa 下,天然气可压缩至原体积的 1/270~1/300,大大降低了储存容积,因而可以使天然气的储存和运输量大大提高,也使天然气的利用更为方便。CNG 储气密度比 LNG 低,生产工艺、技术、设备较简单,运输、装卸方便。

5.5.4 吸附储存天然气

吸附剂对天然气的吸附是一个物理过程,即通过范德瓦耳斯力使天然气分子附着于吸附剂微孔内表面,以增加天然气的储存密度。吸附包括甲烷分子与吸附剂分子之间的作用以及甲烷分子相互之间的作用。当前一个作用占优势时,甲烷分子被吸附;当后一个作用占优势时,甲烷分子脱附。甲烷是球形的非极性分子,无偶极矩,甲烷与吸附剂之间的范德瓦耳斯力只有色散力,因而吸附剂表面的极性对甲烷吸附过程影响很小,甲烷吸附量主要取决于吸附剂的微孔体积和比表面积。根据这一原理,选择适宜的吸附剂可以实现天然气的吸附储存,达到在相对较低的压力下得到较高天然气体积能量密度的目的。

当储罐压力低于外界压力时,气体被吸附在吸附剂固体微孔的表面,借以储存;外界压力低于储罐压力时,气体从吸附剂固体表面脱附释放以供应外界需要。天然气在吸附剂上的吸附相密度要比其气相密度高几个数量级,所以在储存容器中加入吸附剂,尽管吸附剂固体骨架的存在导致损失部分储存空间,但是总体上仍显著提高了天然气储存密度。吸附储存增加天然气的能量密度就是利用了吸附剂表面分子与气体分子之间的作用力大大高于气体分子的作用力,使得吸附剂表面附近的气体分子浓度大大高于气相主体浓度。孔径越小,这种分子之间的作用力越强,因此微孔能全部被气体分子所充满。由于吸附剂微孔中的气体密度大大高于相同压力下气相主体的密度,储存相同量的气体时,压力可以减小到压缩储存的1/10,这是吸附储存的根本优势。

压力较低时,天然气的吸附量随压力升高而快速增加,远远大于压缩储存;当压力增至3~4 MPa时,增速降低,表明吸附剂的储存能力随压力变化而变化的速度比较缓慢。此后再增加压力,由于吸附剂已经达到吸附饱和,吸附增量的变化趋势与CNG一致,充分说明吸附储存的优势集中在中低压部分。储存压力超过6 MPa后,储存增量是由压力的提高贡献的,基本与吸附剂存在与否无关。

5.6 建筑燃气供应系统

5.6.1 居民建筑和商业建筑燃气供应系统

建筑燃气供应系统主要供应居民用户和商业用户。建筑燃气供应系统的构成随城镇燃气系统的供气方式不同而有所变化。建筑本身与城镇燃气的低压管道直接连接时,一般由用户引入管、立管、用户支管、室内燃气管道、燃气计量表组成。这样的系统构成,是因为用气建筑直接连接在城市的低压管道上。有些城镇也有采用中压或5~10 kPa进户表前调压的系统。

(1)燃气用户引入管。

燃气用户引入管亦称进户管,一般从家庭厨房、阳台等便于修理的非居住房间处引入,不应从卧室、浴室、易燃或易爆品仓库、有腐蚀性介质的房间、配电间、变电室、电缆沟、烟道和进风道等处引入。进户方式有地下引入和地上引入两种。输送湿燃气的引入管一般由地下引入室内;当采取防冻措施时,也可由地上引入。地下引入管线短,简单易行,多用于北方气候寒冷地区及管径大于100 mm的引入管。引入管与埋地管或用户箱式调压器接触,沿建筑物外墙并在一定高度穿过外墙引入室内,多用于气候温和的地区。在寒冷地区,室外立管需采取保温措施。在非采暖地区或采用管径不大于75 mm的管道输送干燃气时,则可由地上直接引入室内。输送湿燃气的引入管应有不小于0.005的坡度,坡向为向着城镇燃气分配管道。

(2)燃气立管。

燃气立管一般应敷设在厨房、走廊、阳台内或外墙上。当由地下引入室内时,立管在第一层处应设阀门。地上引入时,应在室外管道上设阀门。立管的下端应装丝堵,其直径一般不小于25 mm。立管通过各层楼板处应设套管,套管应距离地面至少 50 mm，套管与燃气管道之间的间隙应用沥青和油麻填塞。

(3) 用户支管。

由立管引出的用户支管在厨房内时其高度一般不低于 1.7 m，敷设坡度不小于 0.002，并由燃气计量表分别坡向立管和燃具。支管穿过墙壁时，也应安装在套管内。

(4) 室内燃气管道。

为了安全、防腐和便于检修，室内燃气管道不得敷设在卧室、浴室、地下室、易燃易爆仓库、配电间、通风机室、潮湿或有腐蚀性介质的房间内。室内燃气管道应明管敷设，当建筑物和工艺上有特殊要求时，可敷设于带有盖板和通风孔的管槽、管沟或建筑物的设备层、管道井及可拆卸的吊平板顶等处。

(5) 燃气计量表。

关于燃气计量表的布置要注意以下几点：

①管道供应燃气的用户应单独设置计量表，其规格和数量应视用气要求而定。当表前燃气压力超过燃气表承受压力时，表前应设置调压器。

②燃气表宜设置在通风良好的非燃结构上，并满足便于施工、维修、调试、抄表和安全使用的要求。

③挂装于同一侧墙面的家用燃气表之间的净距应不小于 100 mm，挂装于两直角墙面的两表内侧离墙距离之和应不小于 700 mm。燃气表不得装在燃气灶的上方，应与燃气灶错开设置，与烟囱的水平净距应不小于 1 m。

5.6.2 高层建筑燃气供应系统

随着城市的发展，高层建筑越来越多，因此高层建筑的燃气供应问题也越来越多，在设计上自然就具有一般建筑所不具有的特殊性。

一、建筑物沉降所造成的影响

高层建筑物的自重很大，且土壤承重能力是有限的，因而在高层建筑物建筑施工设计中地基存在一定程度的沉降是被允许的。相关研究工作人员分析和研究之后发现，在工程建设完工之后的三年时间内，高层建筑的沉降速率相对较快，沉降量可以达到 5~10 cm。一旦建筑产生了一定程度的沉降，便会因为燃气管道处于一种静止状态造成燃气管道引入管在建筑体产生基础沉降过程中形成较大的切应力，造成燃气管道出现断裂及破损等问题，后果非常严重。

二、建筑高程差引起的附加压头的影响

燃气的密度与空气不同，例如天然气比空气轻，当有高层差时会产生附加压力。燃气用具的额定压力允许有一定的波动幅度，多层建筑由于高度不太高，附加压力影响不大。然而高层建筑附加压力较大，用户灶前压力可能会超出允许

的压力范围,燃气具可能会发生不稳定燃烧现象。在燃气不能得到充分燃烧的条件下,烟气当中的一氧化碳含量会进一步增多,进而很容易出现煤气中毒现象,严重的情况下甚至会造成火灾和爆炸事故等。低压民用燃气具允许的压力为 $0.75P_n \sim 1.5P_n$。消除附加压力的措施可采取以下几种:①通过管道水力计算来选择适当的燃气立管管径,或在燃气立管上增加节流阀来增加燃气管道的阻力;②执行分区调压,即将高层建筑分成几个高度区间,每个区间单独调压,使得每个区域的用户灶前压力均在允许的压力范围内;③根据水力计算,当燃气立管在某一高度的压力达到 $1.5P_n$ 时,在此高度上的立管上设置低-低压调压器,使得下游用户灶前压力均在允许的压力范围内;④在立管的用户支管上设置低-低压调压器,将低-低压调压器的出口压力调整为燃气具所需要的压力。

三、消除燃气立管自重的影响

城镇高层建筑物的高度较高,建筑物上设置的燃气管道随建筑高度的增加,管线也随之增加,过长的管道自重较大,对其稳定性有较大的影响。同时管道内会产生压缩应力。管道安装温度与工作温度不同又会导致立管产生热应力,在热应力的影响下,对燃气管道产生推力,推力作用在燃气管道支架处,会产生较大的破坏,因此需要对燃气管道伸缩量及热应力进行补偿,以消除管道沉降量和热应力。为了解决高层建筑内燃气立管的自重和热膨胀产生的推力问题,必须在热力管的底部设置承重支承,并每隔几层设置中间支承,由这些支承来均摊燃气立管的自重和推力,并在燃气立管的适当位置(一般选在中部)设置固定支承。

四、受地震或风载荷对高层建筑水平位移的影响

由于高层建筑的本身高度比较高,其易受到风荷载的作用和风力加速度的影响,导致水平位移现象的出现。同时根据不同的风速,建筑物也会出现不同的振动周期,因此,尽管高层建筑燃气供应的设计满足基本要求,但是燃气供应系统在设计时也需要充分考虑系统设计所带来的负面影响。可采取在燃气管道立管上安装补偿器或者在燃气立管的水平支管上设置波纹补偿器的措施。

燃气管道的抗震有以下几种措施:

①当发生地震时,高层建筑的顶层水平位移最大,震害也最大,因此,室内燃气管道选用较轻的且具有抗震功能的管材对燃气管道的抗震是有利的。

②在燃气立管上安装感震器,当感震器受到震动时,将信号转送到天然气公司或者值班室,有关人员及时采取措施,从而有效避免燃气安全事故的发生。

③在燃气管道或燃气设施必要的位置设置波纹补偿器,克服在地震时发生的受力不均匀的情况。

燃气是易燃、易爆气体,一旦泄漏容易造成人员中毒或燃烧、爆炸事故。高层建筑楼的楼层高,供气系统的安全更是尤为重要。有以下两种方式可以大大降低燃气安全事故发生的概率：

①燃气管道的连接方式选用焊接连接，这样可以大大减少漏点数量，从而减少漏气现象的发生。

②在每个燃气用户的家里安装燃气泄漏报警器和燃气泄漏报警自动切断装置，并在引入管上设置切断阀。用户家里的安全报警应和所在引入管切断阀联动，并将报警信号发送到24 h值班的门岗处。

5.7 工业企业燃气供应系统

连接于城市管网的工业企业燃气输配系统，通常由工厂引入管、厂区燃气管道、车间燃气管道、工厂总调压站或车间调压装置、计量装置、安全控制装置和炉前燃气管道等构成。炉前燃气管道与燃烧设备和安全控制装置的关系极为密切，常把它们视为一个整体。

燃气由城市分配管网，通过引入管引入工厂，引入管上设总阀门，总阀门应设在厂界外易于接近和便于查看的地方，与建筑红线或建筑外墙的距离不应小于2 m。每个工业企业通常只有一个引入口，厂区采用枝状管道，对不允许停产的工厂企业可以采用几个引入口的环状管网。有些工厂供气系统的引入口设总调压站，如有用气计量装置，则与调压站设在一起，经降压和稳压后，由调压站送入厂区燃气管道。低压用户也可以由低压管网供气。大型企业可敷设专用管线与城市燃气分配站或长输管线连接。常用的系统有一级管网系统和两级管网系统。

一级管网系统分为：

①与城市低压燃气管网相连的系统，这种系统适用于小型工业企业用户。

②与城市中压或高压燃气管网相连，这种系统适用于大型工业企业用户。

两级管网系统分为：

①通过工厂总调压站与城市中压或高压燃气管道相连，调压站将燃气压力降到部分车间所需的中压，这样的车间直接与厂区燃气管道相连，部分车间燃烧器需用低压燃气，所以需单独设置车间调压装置。总用气计量装置设在总调压站内。

②厂区管道直接与城市中压 A 管道相连，引入各车间的燃气管道，通过本车间的调压装置将压力调到该车间的燃烧器所需的数值。用气量在全厂和各车间分别计量，不设总调压站。当进入厂区的燃气含湿量较高时，应设排水器。

本章参考文献

[1] 段常贵. 燃气输配[M]. 5版. 北京:中国建筑工业出版社,2017.
[2] 严铭卿,宓亢琪,黎光华,等. 天然气输配技术[M]. 北京:化学工业出版社,2006.
[3] 周军,卢春明,杨凤玲,等. 城镇燃气用气不均性的探讨[J]. 上海煤气,2003(1):15-17.
[4] 刘立,范慧方. 建筑环境与能源应用工程概论:中英文对照[M]. 北京:机械工业出版社,2013.
[5] 王孟德,姜心. 城市燃气门站流量计与调压阀参数相互匹配的解决措施[J]. 油气储运,2015,34(4):447-450.
[6] 柳华伟,陈杨,谷文渊,等. 基于层次分析和灰色关联分析法的城市天然气门站安全评价[J]. 当代化工,2012,41(3):302-307.
[7] 邴守启,王峥,肖威,等. 城市天然气门站消防设计探讨[J]. 煤气与热力,2011,31(5):31-33.
[8] 李金成. 天然气门站工程设计[J]. 煤炭与化工,2015,38(3):128-130.
[9] 姬建成,赵明. 城市天然气门站流量计量系统设计[J]. 煤气与热力,2007,27(9):5-8.
[10] 吴胜雷,孙浩. 城市天然气门站计量系统的优化设计[J]. 煤气与热力,2012,32(4):5-8.
[11] 陈云龙. 城市天然气门站风险评估与灾害模拟研究[D]. 成都:西南石油大学,2015.
[12] 颜丹平,邢琳琳,闫石,等. 燃气门站雷击事故分析及防雷措施研究[J]. 陕西电力,2015,43(7):83-87.
[13] 张淼馨. 典型城市天然气门站控制逻辑的设计[J]. 上海煤气,2010(4):23-25.
[14] 高鑫,吕锡胜,高翔,等. HAZOP分析法在城镇燃气门站危害辩识中的应用[J]. 内蒙古石油化工,2020(12):31-33,45.
[15] 贾庆山,龙腾,崔高辰,等. 城市多压力级制燃气管网分层优化方法[J]. 城市燃气,2020(12):22-28.
[16] 臧子璇,彭晓青. 城市燃气中压供气输配系统压力级制的浅析[J]. 重庆建筑大学学报,1999,21(4):13-15.
[17] 孔川. 中小城镇天然气配气管网的压力级别选择[J]. 天然气工业,2016,36

(1):152-156.
[18] 潘文胜. 南昌市城区天然气输气主干管压力级制比选[J]. 上海煤气,2009(6):9-12,25.
[19] 张蜀媛. 浅谈高层建筑燃气系统设计存在的问题及解决措施[J]. 化工管理,2015(15):151.
[20] 田芯阳. 高层建筑管道燃气设计中管道的安全设计[J]. 化工管理,2021(2):3-4.
[21] 谢成萍. 城市高层建筑燃气安全使用问题的探讨[J]. 青海交通科技,2020,32(5):24-27.
[22] 马超. 高层建筑燃气供应设计中的问题及控制策略刍议[J]. 中国建筑金属结构,2020(11):68-69.